UIDE TO GAME THEORY

ゲーム理論の
裏口〉入門

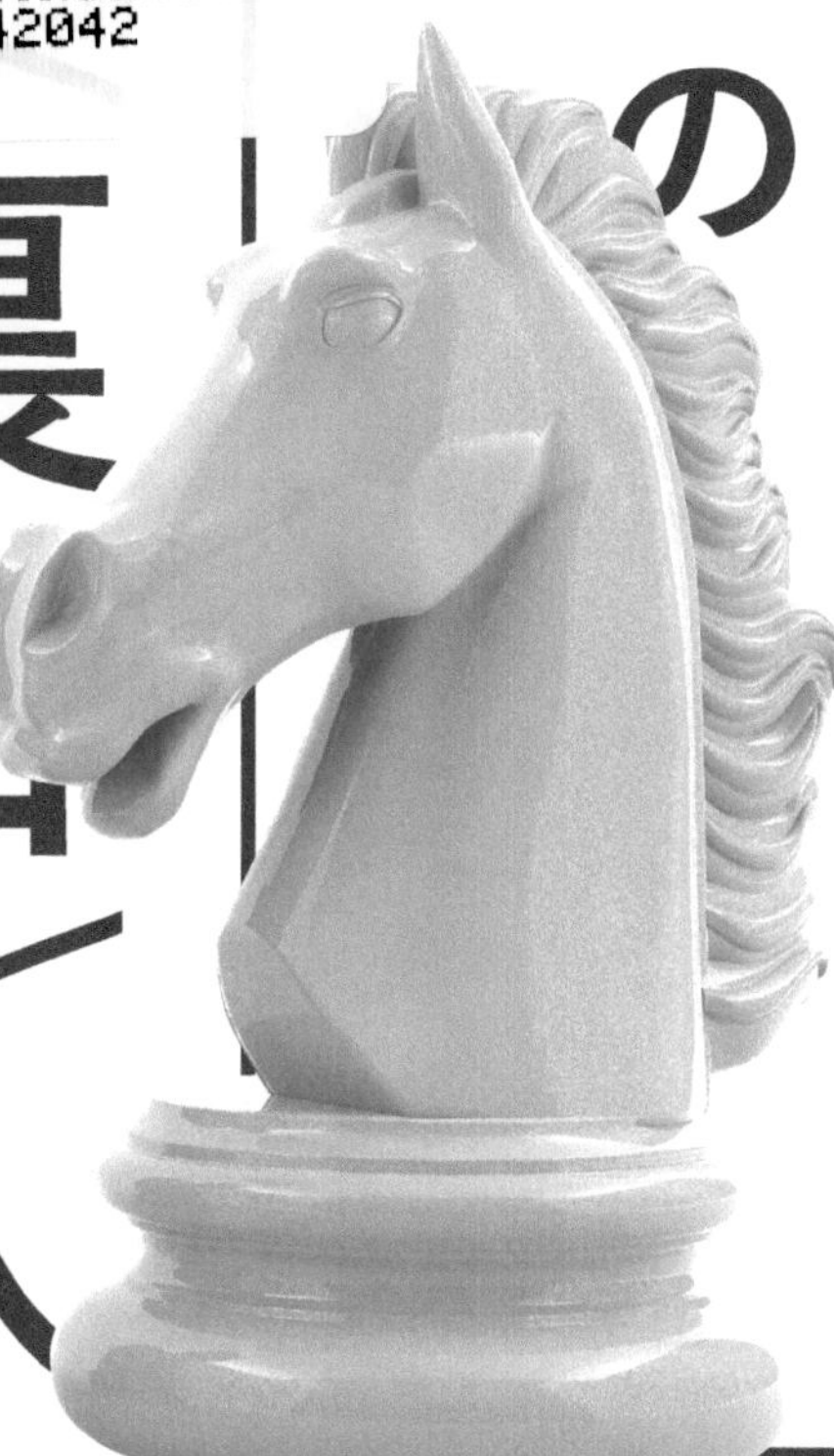

ボードゲームで学ぶ
戦略的思考法

LEARNING
STRATEGIC THINKING
THROUGH BOARD GAMES

野田俊也
NODA SHUNYA

講談社 KODANSHA

序章

はじめに

ゲーム理論という名前のついた学問がある。そして、筆者はボードゲームを趣味とし、ゲーム理論とその応用を経済学部で研究する大学教員である。こう述べると、ゲーム理論はボードゲームを研究する（だけの）学問なのかと思われる読者もいるかもしれないが、実際にはそんなことはない。筆者は仕事としてボードゲームの分析をしたことはなく、本業はマッチング・メカニズムの設計や仮想通貨システムの分析のような、社会科学的な問題の分析だ。名前から受けるイメージからすると少し違和感を覚えるかもしれないが、ゲーム理論はボードゲームのような遊びの解析に特化しているわけではなく、現実社会の問題の解決に有用な知見をもたらしてくれる、非常に実践的な学問である。

ゲーム理論とは、複数の主体が各々の目的をもって意思決定をする状況を分析する学問であり、今日の社会科学では必要不可欠なツールとなっている。ゲーム理論が「**ゲーム**」という名前を冠しているのは、複数の主体（つまり**プレイヤー**）が別々の目的を持ち、各々が自己の利益を最大化するべく行動を取るという状況が、あたかもボードゲームのようであるからだ（ゲームと聞いて、格闘ゲームやシューティングゲームのような、操作技術や処理速度がものをいう電源系ゲームや、勝ち負けを目的とせず、コミュニケーションなどを楽しむゲームなどをイメージした方もいると思うが、これらのゲームはゲーム理論の直接的な分析対象ではない)。

自然科学などで考えられている多くの最適化問題は、「1人の意思決定者がどうすれば自身の目的を達成できるか」を考える。たとえば、天気予報をする際、予報士は地球との駆け引きを考える必要はない。ボードゲーム的にいえば、パズル、あるいは1人プレイ用のゲームのプレイに取り組んでいるわけだ。一方、利害関係者がたくさんいる問題では、自分の利益を最大化するためには相手の動きを予測する必要があり、相手の動きを予測するためには、相手がどのような目的に沿って行動を決めているのかをよくよく考えなければならない。このような、相手のプレイヤーの手を読み、それに対する応手を考えるという構造は、ちょうど多人数のボードゲームでプレイヤーたちが直面する問題とそっくりなので、ゲーム理論は「ゲーム」の理論と呼ばれている。

社会科学で分析される問題のほとんどは、パズル的な問題ではなく、ゲーム的な問題である。社会は常にたくさんの人々で構成されており、そして人々はときに共通し、ときに対立する独自の目的をもって行動する。問題から行動の読み合い・戦略的な駆け引きを排除できるケースは珍しい。このような実践的な必要性から、ゲーム理論は経済学をはじめとする社会科学者たちの研究のトピックとしても人気・重要性が高く、1994年にジョン・ナッシュらがノーベル経済学賞を受賞して以降、2020年までになんと20人近いゲーム理論研究者らが受賞者に選ばれている。

インカの黄金

ゲーム理論とボードゲームは「それほど関係ない」とはいえ、ゲームの理論という名前から直感するとおり、ゲーム理論がボードゲームの分析に役に立つことも事実だ。筆者はボードゲームに対しても学術的な興味を抱いているし、趣味であるボードゲームのプレイングに、本業であるゲーム理論の研究から得た分析能力を大いに活用している。

簡単な例を1つ紹介しよう。インカの黄金は2006年に初版が発売された人気ボードゲームである。厳密には、インカの黄金にはゲームボードがないので「カードゲーム」というほうが正確だが、ボードがあるか否かでゲームの本質は変わらないので、本書ではボードゲームとカードゲームを区別せず、遊びとしての「ゲーム」はすべてボードゲームと呼ぶことにする。

インカの黄金では、プレイヤーたちは古代遺跡を探検し、なるべく多くの財宝を持ち帰ることを目標とする。しかし、古代遺跡には危険も待ち受けており、長く探索すれば手に入る財宝の数も増えるが、トラブルが発生して探索が失敗し、何も得られない可能性も増える。以上はこのゲームのストーリーであるが、実際のゲームの進行もおおむねこのとおりである。

1ゲームの中で、プレイヤーたちは5回の探索を行う。各ターンの最初に、プレイヤーたちは「せーの」で同時に「進む」か、「戻る」かを選択する。「戻る」を選んだプレイヤーは、それまでに確保した財宝を自分のものとし、探索を終了する。「進む」を選んだプレイヤーは、危険に遭遇して、その探索でそれまでに確保した財宝をすべて失うリスクと引き換えに、さらに多くの財宝を確保する機会を得る。全員が進退の決定をした後に、山札から1枚のカードがめくられる。カードは「財宝カード」か「障害カード」のいずれかで、財宝カードがめくられた場合、まだ探索を継続しているプレイヤーたちだけでその財宝を山分けする。つまり、探索をやめたプレイヤーが増えれば増えるほど、1人あたりが得られる財宝の量は増えていくのである。

障害カードがめくられた場合、探索が強制終了となる危険性が発生する（実際にそうなるかどうかは障害カードのめくられ方によるが、詳細なルールは割愛する）。探索が強制終了すると、探索を継続している――つまり、「進む」を選び続けているすべてのプレイヤーは、それまでに確保した財宝をすべて失い、その探索ではまったく財宝を得られなくなってしまう。この説明だけを聞くと難しそうなボードゲームだと感じられるかもしれないが、一度プレイしてみればゲームのルールはすぐ理解できるので、ゲームのルールを知らない読者はぜひ遊んでみてほしい。

実はこのゲームは、ゲーム理論で分析されるゲームの一種である、**チキンゲーム**と同じ構造になっている。チキンゲームは、別々の車に乗り込んだ競走者たちが崖に向かって自動車を走らせ、先にブレーキを踏んだ臆病者（＝チキン）が負け、という度胸試しのゲームだ。ただし、崖から転落して死んでしまったらそれも負けとなる。体験したことのある読者はおそらくいないと思うが、映画やマンガのワンシーンとして見たことがある読者も多いのではないだろうか。

探索が失敗するリスクを取りつつ、「進む」を選択し続ける行為が、アクセルを踏み続ける行為に似ているという点には誰しもが気づくところであろう。リスクを取ってアクセルを踏まなければ（「進む」を選択して財宝を確保しなければ）、勝負に勝つことはできない。しかし、適切なタイミングでブレーキを踏む（「戻る」を選択する）ことに失敗すれば、大損害を負ってしまう。インカの黄金をプレイする初心者の多くは、このゲームを、危険を冒しつつ山札をもう1枚めくるスリルと、もう1枚山札をめくるリスクとリターンの比較計算を楽しむギャンブル的なゲームだとみなしている。

チキンゲームには、もう一つおもしろい構造がある。こちらの構造のほうがインカの黄金を理解する上で重要である。それは、相手が強硬に出てくる（アクセルを踏み続ける）のであれば、自分は譲歩する（ブレーキを踏む）べきであり、相手が譲歩するなら自分は強硬に出るべきだ、という構造だ。もしも両者がアクセルを踏み続ければ、どちらも適切なタイミングで踏みとどまることはできず、どちらの車も崖から落ちてしまって悲惨な結末を迎えてしまう。両者が早めにブレーキを踏むのであれば、自分はもう少し先に進むことで度胸試しに勝利することができる。つまり、相手が強硬な態度を取るなら自分は譲歩するべきであり、相手が譲歩するなら自分は強硬な態度を取るべきなのだ。よって、チキンゲームで両者が合理的に行動するなら、一方は強硬な態度を取り、もう一方が譲歩するのが、ゲーム理論で導き出される必然的な結末なのだ。この結末は、ゲーム理論では**ナッシュ均衡**と呼ばれる。

インカの黄金では、後者の形のチキンゲーム的な局面がしばしば登場する。探索の終盤で、たった2人のプレイヤーが探索を継続している局面を考えよう。この2人はいずれもすでにたくさんの財宝を確保しているので、もうこれ以上財宝を集めずに、無事に帰還するだけでも大きな利益を得ることができる。すでに障害カードは何枚もめくられており、もう1枚山札をめくると探索が強制終了となってしまうリスクも大きい。それでも、探索を継続中のプレイヤーが1人になれば、探索から得られる財宝はそのプレイヤーが独り占めできるので、リスクを取る価値はある。しかし、2人ともが探索を継続すると、1人あたりの利益は半分となってしまうため、リスクとリターンが見合わない。

この局面の構造はチキンゲームとまったく同じである。相手が強硬であれば(「進む」を選んでいれば)譲歩し(「戻る」を選び)、相手が譲歩してくるならば強硬に出るのが最適な行動となる。探索を継続中の2人でうまく「進む」「戻る」に分かれ、片方がさらに財宝を取りに行き、もう片方が財を確保することによって、2人ともがすでに探索を終了したプレイヤーたちに対して有利に立つことができるのである(なお、インカの黄金には、ここでは解説を省略した、「場に残る財宝」と「遺物カード」という追加的な要素があるが、これらの要素はゲームのチキンゲーム的な性質をさらに強める方向に働く)。

インカの黄金のチキンゲーム的な性質に気づくと、このゲームはめくり合いのギャンブルではなく、実はターンごとに相手と相談し、誰が進み、誰が戻るかを決定する交渉のゲームであることがわかるだろう。「せーの」でいっせいに手を開示するというデザインにミスリードされてじゃんけんなどと混同し、「進む」と「戻る」の選択を相手に読まれないようにランダマイズするのは初心者にありがちなプレイングであるが、インカの黄金ではまったく有効な戦略ではない。むしろ、自分がどういう行動を取ろうとしているかを相手に伝えたほうが、事故のリスクを減らすことができるため、得となる。自分と相手の利益を勘案しつつ、最適な落としどころを探っていくゲームなのだ。

プレイ体験とゲーム理論

以上のように、実はゲーム理論の知見はボードゲームの分析に大いに役立てることができる。裏を返せば、ボードゲームはゲーム理論を学習するための事例・教材となりうるということだ。従来のゲーム理論の入門書は、身近な状況や、現実の社会問題、あるいは映画などで描写されるようなやや突飛な例などを事例として挙げ、ゲーム理論の解説を行ってきた。本書では、従来の入門書と方針をたがえ、ボードゲームのプレイ体験を軸としてゲーム理論を導入する。

ボードゲームを用いた導入には、実際に遊んで状況を体験することが可能だという圧倒的なアドバンテージがある。単に教科書を読んだり、授業を聞いたりするよりも、実際にゲームをプレイするほうがはるかに高い学習効果が得られることは、ゲーム理論教育の文献でも実証されてきている（コラム2で解説）。最初の事例として挙げたインカの黄金の説明も、本書を何となく読んでいるだけだとそれなりに難解に感じてしまうかもしれない。しかし、そういった方々でも、一度実際にインカの黄金をプレイしてみれば、筆者が説明した交渉ゲームとしての性質を体感できるはずである。幸い、今日のボードゲームブームも手伝い、事例として挙げているほとんどのボードゲームは、やる気になればいつでもプレイできる。Amazonなどの通販サイトでゲームを取り寄せて友人たちと遊んでみてもよいし、ボードゲームアリーナのような、オンラインの対戦サイトで見知らぬ人たちと共にプレイしてもよい。本書を読むのと並行してぜひたくさんのボードゲームをプレイし、理論と実践の両面からゲーム理論を学習してほしい。

本書の特徴

本書の読者は、ゲーム理論を勉強するためにボードゲームをプレイしてみたい人や、ゲーム理論に興味があるボードゲーマーを想定している。目標はゲーム理論の導入であり、ボードゲームのプレイ技術を極めることではないため、本書を読むことでボードゲームが強くなるかどうかはやや怪しい。しかし、本書はその構成からして当然、ボードゲームに興味がある人を読者として想定しているので、プレイング技術の向上に役に立つようなゲーム理論の概念も盛り込むように意識した。特に、ゲーム理論家が得意とするような、ルールを見てゲームの帰結を予測する技術——つまり、「初見のゲームの構造を、説明書を読むだけで看破し、速やかに中級者になる技術」に関しては、本書は有益な情報を提供できる。

本書はゲーム理論の教科書ではなく、あくまでもゲーム理論の「導入」を目的とした入門書なので、数学的な定式化は思い切って省く。もし本書を読んでゲーム理論をより深く学んでみようと思ったなら、ぜひフォーマルな教科書を手に取ってみてほしい。本書を読み、体験を通じてゲーム理論のエッセンスを感じ取った後なら、無味乾燥にとらえられがちな教科書の記述が現実性をもって感じられ、書かれていることを読み取りやすくなっているはずだ。

また、通常のゲーム理論の教科書・入門書で解説されるような、ゲーム理論がどう社会問題の分析に役に立つかの説明もあまり行わない。もちろん、ゲーム理論はボードゲームだけではなく、現実の社会問題を解くのにも活用することができる。通常の教科書では、応用例として、ゲーム理論がいかに現実の問題の解決に役に立つのかにかなりの紙幅を割くし、筆者自身も大学で講義を行う上ではこの点を注意深く説明している。幸い、ゲーム理論の社会問題解決への応用を解説している教科書・入門書は数多く出版されているので、本書を読んで応用例に興味が出てきたならば、ぜひそちらも読んでみてほしい。

Chapter 1

Mastering "Puzzles": Single Agent's Decision Making

第1章 「パズル」を極める——1人プレイゲーム

この世にはさまざまなボードゲームがある。太古の昔から存在するアブストラクト・ゲーム、近年になって創作された新作ゲーム、多人数で遊ぶゲーム、1人で遊ぶゲーム、ボードを使うもの、使わないもの、個々人が自分の勝利を目指すもの、チームの勝利を目指すもの、全プレイヤーの目的が一致しているものなど、ゲームの見た目もルールもさまざまだ。

ゲーム理論が分析の対象としているのは、主に**最適化**と**戦略的駆け引き**という2つの要素だ。最適化はゲームのパズル的な要素で、与えられた選択肢の中から最もよい手を選び取るという問題だ。戦略的駆け引きとは、ゲーム内に複数のプレイヤーが存在するがゆえに発生する問題で、この部分がゲーム理論の分析対象の核心となる。

ゲーム理論の「キモ」は戦略的駆け引きにあるが、その基礎として、個々のプレイヤーがどのように選択を行うかをしっかり理解しなくてはならない。このためには、戦略的駆け引きの要素がない1人プレイのボードゲーム、つまりパズルをどうプレイするかを考えるのが有効だ。第1章ではパズルの分析を通じ、最適化とは何か、最適化を考える上でどのようなことを考慮すべきかについて説明する。

1-1 ゲームと最適化

本書で分析するボードゲームは、基本的に、各プレイヤーが「勝ち」や、それに類する「よい結果」を目指すものばかりだ。これらのボードゲームにはゲームの結果（ゲームが終了した局面での状況）の優劣を評価するためのルールが存在する。この結果の優劣を評価した点数は、ゲーム理論の用語で**利得**と呼ばれる。2人プレイのボードゲームの場合は、すべての結果に勝ち・引き分け・負けの3つの評価値を割り当てて、お互いのプレイヤーがなるべくよい結果を目指すという形式がほとんどだ。多人数ボードゲームの場合はもっと多様で、たとえば表1-1のように、勝敗だけではなく、順位や得点の上昇を目指してプレイしてもらえるように利得が定められていることも多い。

一度、ゲームのルールとして、ゲームの結果と利得の対応関係、すなわち**利得関数**が与えられれば、各プレイヤーのゲーム内での目標は、いかに効率的に自分の利得関数を最大化していくかという形に帰着できる。ゲームの中で、プレイヤーたちはいろいろな行動を取ることができるが、各行動の良し悪しは一様ではなく、勝ちにつながりやすい好手もあれば、負けにつながりやすい悪手もある。数学的には（大雑把にいえば）、好手とは利得関数が大きくなりやすい手ということだ。適切に状況を判断し、よい手を選び続けるという

表1-1：ゲームの結果の種類と利得

勝ち・負け	利得はゲームの結果に応じて勝ち（＝1）・負け（＝0）の2つの値を取る。たいていの場合、ただ1人のプレイヤーが勝ち、他のすべてのプレイヤーが負けとなる。カタンの開拓者たち、キャントストップなど。
順　位	ゲーム内で勝利点（ポイント）が設定され、ゲーム終了時に勝利点によって決められる順位を最大化することを目標とし、この順位を利得とする（利得の値は大きいほうが好ましいというように設定するのが通例なので、順位の小さいプレイヤーの利得が大きくなるよう、マイナスの符号をつけたりする）。ボードゲームの公式のルールでは「一番勝利点が多いプレイヤーが『勝ち』」と定められているボードゲームが多いが、カルカソンヌやニムトなど、終了時点で全プレイヤーの順位をつけやすいゲームでは、勝者ではない高順位者（2位など）をいくらか評価するハウスルールが設定されることも多い。
勝利点	勝利点で決まる順位ではなく、獲得した勝利点の量そのものの最大化を目的とする。利得は勝利点と一致する。勝利点を賭け金と連動させる形で、ギャンブル系のゲームでよく用いられる。麻雀、ポーカーなど。

最適化問題としての側面が、ゲームの第一の性格だ。本章では、プレイヤーが1人しかいない、戦略性の意味では最も単純なゲームである「パズル」の分析を通じて、最適化について学ぶ。

1-2 「ゲーム」と「パズル」

「パズル」とは何か？

いくつかのボードゲームは、実は純粋に最適化だけを楽しむものとして設計されている。クロンダイク、スパイダー、マインスイーパなど、1人プレイのボードゲームはすべて最適化を楽しむためのゲームだ。また、複数人でプレイすることを意図しているボードゲームでも、パンデミックのように全員が共通の情報と利得関数を持つゲームは、戦略的な駆け引きの要素はない。バカラやブラックジャックのようなカジノゲームの多くも、親（ディーラー）の行動は機械的に指定されており、駆け引きは行われない。

実は、これらのボードゲームは、ゲーム理論の用語では「ゲーム」とはみなされない。ゲーム理論をゲームたらしめるのは、プレイヤーの人数が複数であるがゆえに戦略的な駆け引きが発生するからだ。個々のプレイヤーが別々の目的をもって自分の利得を最大化しようとすると、プレイヤーが1人しかいない状況とはいろいろと異なることが起きることが、ゲーム理論が通常の最適化問題の文献から離れ、独立した学問として成立している理由なのだ。ゆえに、プレイヤーが1人しかいない最適化問題は、ゲーム理論を使うまでもない、ゲーム以前・ゲーム未満の問題だといえる。

1人プレイヤーの最適化問題には、不思議なことに「ゲーム」のような専門用語は定義されていない。教科書などでも、「単一エージェントの意思決定問題」のように、「そのまんま」で、やや冗長な言葉をあてて説明するのが通例だ。ゲーム理論的な意味での「ゲーム」と区別するために、本書では1人プレイヤーの最適化問題を「**パズル**」と呼ぶことにしよう。これは筆者独自の命名であり、ゲーム理論の標準的な用語ではない。

前述の、クロンダイク、スパイダー、マインスイーパ、パンデミックなどには戦略的な駆け引きの要素はなく、本質的には1人で遊ぶボードゲームだ。ゆえに、ゲーム理論的には「ゲーム」ではなく、「パズル」とみなすのが正しい。この意味で、普通の日本語とゲーム理論の分類は必ずしも一致しないことには注意してほしい。

パズルを理解する意義

それでは、戦略的な駆け引きの存在しないパズルの分析は、ゲーム理論を学ぶにあたってあまり価値はないものだろうか？　そんなことはまったくない。プレイヤーの人数を増やしたらパズルはゲームになるという意味で、ゲームはパズルの発展形であり、パズルはゲームの基本なので、そもそもパズルのことがしっかりわかっていなければゲームをきちんと理解することは絶対にできない。筆者は大学のゲーム理論の授業でも、最初の数コマは必ずパズルの解説にあてている。

ボードゲームの腕を磨く上でも、最適化に関する基本的な理屈を理解しておくことは大切だ。この世に存在するほとんどのボードゲームには最適化の要素が含まれている。大雑把にいって、そのゲームを1人プレイにしてもパズルとして成り立つように簡単にアレンジできるなら、そのゲームは最適化の要素を色濃く含んでいる。特にドミニオンや宝石の煌き、ウェルカム・トゥなどは、プレイヤー間での直接交渉の要素がないため、最適化の技術でプレイングの良し悪しが決まる傾向が強いゲームだと言っていいだろう。逆に、ライアーズ・ダイスやシュレーディンガーの猫、スカルのようなブラフ系のゲームは、ほぼ戦略的駆け引きだけで成り立つゲームだといえる。もちろん、ドミニオンのような最適化の要素が強いボードゲームも、戦略的な駆け引きの要素が加わるからこそ、よりおもしろくなってくるわけだが、駆け引きの要素を無視して最適化の観点だけからプレイ方針の基礎を固めるのは、ゲームへの理解を深め、プレイ技術を磨く上でも効果的なのだ。

1-3 パズルの構造と解き方

問題の定式化

パズルやゲームの解き方を考える際には、数学的に扱いやすい形にゲームを抽象化することが大事だ。ボードゲームには場を盛り上げるためのさまざまな工夫が盛り込まれている。たとえば、「せーの」で同時に選択を示すにあたって、じゃんけんでは文字通り同時に手の形を決め、インカの黄金では手に握りこんだコマを開いて示し、アヴァロンでは裏向きにした投票カードを表にして意思表示する。こういったギミックは、ボードゲームをおもしろくするためには大事だが、パズルやゲームの帰結を予想し、最善の選択肢を取るためには重要ではない。パズルやゲームを分析する第一歩は、このような余分なディテールを削ぎ落とし、最適化と戦略的駆け引きに関係する要素だけを剥き出しにした、抽象的なモデルにすることだ。これをゲーム理論の用語で**定式化**という。まずは、一番単純なクラスのパズルを見て、定式化とはどういう作業なのかを紹介しよう。

「1手詰○×ゲーム」の分析：選択を1回だけ行うパズルの定式化

まず、一番シンプルなパズルとして、プレイヤーが1回だけ選択を行うようなパズルを考えよう。ここまで単純だと、この問題そのものが遊んでおもしろいボードゲームとして成り立つ例はあまり多くはないが、たとえば詰将棋の1手詰がこの状況に該当する。実際に遊ばれているパズルとして詰将棋を解説したいところだが、下調べの結果、残念ながら将棋のルールを把握していない人は多く、ルール説明抜きで題材にするには不適当であることが判明した。

仕方がないので、本節では1手詰○×ゲームという、いささか単純で人工的なゲームを第一の例として説明する。○×ゲームは、紙とペンさえあれば遊べるきわめて簡単なゲームとして普及している。少し遊べばすぐにゲームの「最善の帰結」（後でより厳密に議論する）はわかってしまうため、何度も遊べるゲームではないが、ルールはシンプルなため、読

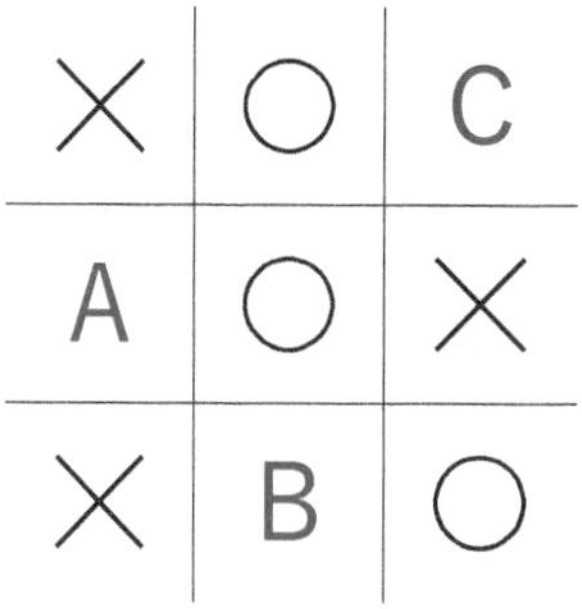

図 1-1：1手詰の○×ゲーム

者の多くも一度ぐらいは遊んだことがあるのではないだろうか。

○×ゲームは2人でプレイするゲームで、ゲームの最初に先攻後攻を決める。「井」の文字に似た格子を描き、片方のプレイヤーが「○」を、もう片方のプレイヤーが「×」を交互に空きマスへと書きこんでいく。ビンゴのように、縦・横・斜めのいずれか1列に3つ自分のマークが並ぶと、その瞬間にゲームが終了し、そろえたプレイヤーの勝ちとなる。

○×ゲームをそのまま考察してしまうと、2人プレイヤーとなり、最初に解説したいパズルではなく、ゲームになってしまう。そこで、将棋を詰将棋にするのと同じく、○×ゲームを1手詰の○×ゲームにしたものから考え始めよう。

問題として与えられるのは、○×ゲームの特定の局面だ。ここでは、図1-1に示されている局面で、次に手番である先攻の「○」のプレイヤーがどう選択肢を選ぶか、いや、選ぶべきかを考えることにしよう。もちろん、「○」のプレイヤーの目的はゲームに勝利することであり、話を簡単にするため、詰将棋と同じように、この1手で勝てなければ「○」のプレイヤーの負けというルールにする。

○×ゲームのルールを理解しているプレイヤーなら、「こんなの『B』が正解に決まっているじゃないか」とすぐに思ったことだろう。その解答は正しい。本書の最初の事例に、これほど単純な問題を選んだのは、後々にもう少し複雑な状況を考えても混乱しないよう、パズルの定式化をどう行うかを最初に整理しておきたいからだ。

パズルの定式化とは、「(唯一の)プレイヤーの**選択肢**は何か?」と、「それぞれの選択肢から得られる**利得**はいくらか?」という情報を整理することだ。○×ゲームでは、「○」のプレイヤーは自分の手番の際に空きマスに「○」を書き込むことだけを許される。ゆえに、図1-1で描かれた局面での選択肢は「A」「B」「C」という3つの空きマスに対応する。利得はもちろん、この○×ゲームの勝ち負けによって決まる。「B」を選べば、ただちに中央・縦の列に○が3つそろうので、勝ちだ。利得として1点が手に入る。「A」「C」を選べば、○が3つそろう箇所はないので、負けだ。利得は0点となる。このように、A→0

表1-2：パズルの定式化

選択肢		利得
A	→	0点（負け）
B	→	1点（勝ち）
C	→	0点（負け）

点、B→1点、C→0点という抽象的な形にパズルを落とし込むことが、パズルの定式化だ（表1-2）。

パズルにおける最善手、つまりプレイヤーが「この手を選ぶべき」「この手を選ぶだろう」という手は、「利得が最も大きい選択肢」として定義できる。図の局面では、「B」を選べば1点で、これは「A」「C」を選んだときの0点よりも大きいから、「B」だけが最善手となる。ボードゲームを見たときの感覚と整合的に、「B」を選ぶのが最善手として定義できるのである（図1-1の局面では、最善手は「B」ただ一つしかなかったが、一番高い利得をもたらす選択肢が複数ある局面では、最善手は複数あるという扱いになる）。

ここで注意してほしいのは、我々が分析し

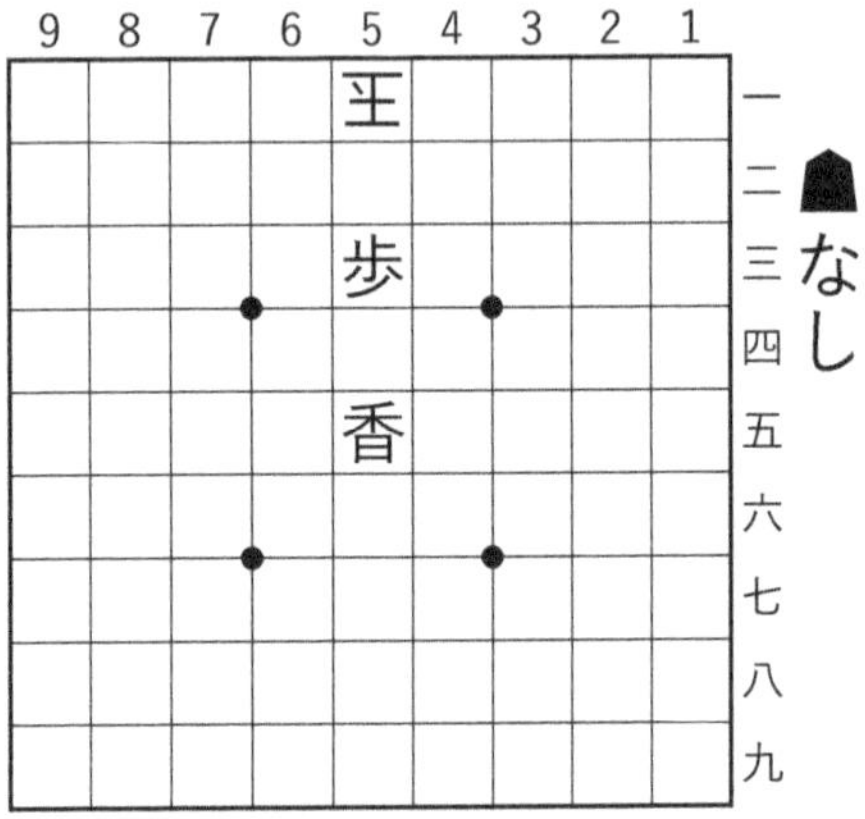

図1-2：1手詰の詰将棋

たい最善手を考えるためにはもともとのパズルのルールは必要がなく、定式化した抽象的で単純なルールだけで十分だということだ。もともとの問題は1手詰○×ゲームであり、選択肢が何かや、選択肢に紐づいている利得がいくらかなどは、もともとのボードゲームのルールによって決まっているが、一度、パズルの問題として抽象化してしまえば元のボードゲームのルールは忘れてよい。その局面における最善手が何かを決めるエッセンスは、すべて定式化したパズルの中に含まれているからだ。

詳細なルールの解説は省くが、たとえば図1-2のような1手詰の詰将棋も、先ほど分析した1手詰○×ゲームとまったく同じ構造のパズルに抽象化できる。プレイヤーの選択肢、つまりルール上許されている手は、A：▲5二歩不成、

B：▲5二歩成、C：▲5四香の3つだけで、このうち後手玉が詰むのは▲5二歩成だけなので、「B」の利得は1点で、「A」と「C」の利得は0点だ。抽象化されたパズルの形は考えていた「〇×ゲーム」とまったく同じなので、最善手が「B」であることも同じであり、そうなる理屈も同じなのである。もちろん、〇×ゲームや将棋に限らず、あらゆる（1手詰の）詰ボードゲームも同じように定式化できる。

ゲーム理論では、本当にさまざまなゲームを同じ枠組みの中で分析するため、すべてのゲームを「選択肢」や「利得」を特定する形で同じように定式化して取り扱う。もう少し複雑なゲームを表すためには、いろいろと要素を付け足す必要があるが、この定式化が非常に重要なステップであることに変わりはない。

1-4 「ソリティア・キャントストップ」の分析

局面と戦略

次に、もう少し複雑な、プレイヤーが複数回の選択を行うようなパズルの定式化を考えてみよう。「1手詰」からの連想で、一般の詰将棋の話をすると予想された読者もいるかと思うが、手数の多い詰将棋はパズルではなく、むしろゲームとして分析するほうが妥当なので、第3章で解説する。手数が多いパズルの例として適切なのは、むしろクロンダイクやマインスイーパのような、山札やサイコロを相手にするようなタイプの、1人プレイ用のゲームだ。本節で題材として取り上げるのはキャントストップにする。このゲームは本来、複数人でプレイするボードゲームであり、パズルではないのだが、戦略的駆け引き以上に最適化の要素が強く、簡単にパズルとして考えることができる。

キャントストップは1980年に発売されたゲームで、現代ボードゲームとしてはかなり歴史が古い。プレイヤーは登山家となり、未踏峰を最初に登頂したという栄誉を獲得することを目指す。ゲーム中には、2〜12の数が割り振られた11個の未踏峰があり、このうちの3つに登頂した時点でクリアだ。元のゲームでは、

(1) 2〜4人のプレイヤーがプレイする。
(2) すでに他の誰かが登った山には価値がなくなり、登れなくなる。
(3) 最初に3つの未踏峰に登頂したプレイヤーの勝ちで、それ以外のプレイヤーは負け。

というルールだ。この問題をパズルとして考えるために、プレイヤーは1人で、かつ「登

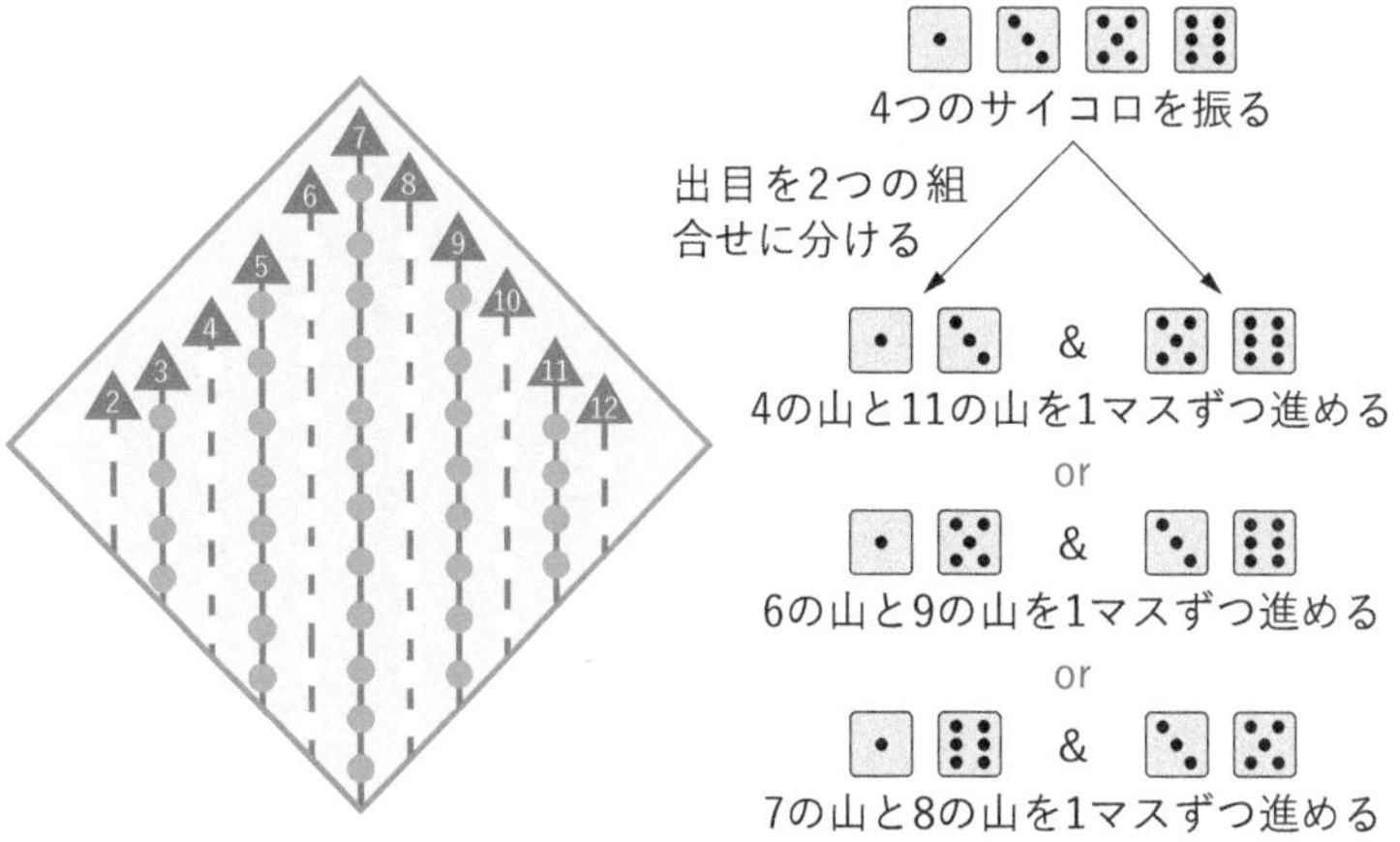

2
3
4
5
6
7
8
9
10
11
12
4つのサイコロを振る
出目を2つの組
合せに分ける
&
4の山と11の山を1マスずつ進める
or
&
6の山と9の山を1マスずつ進める
or
&
7の山と8の山を1マスずつ進める

図1-3：「キャントストップ」の盤面

るまでにかかるターン数を最小化することを目的とする」というアレンジを加える。これがソリティア・キャントストップだ。このパズルは筆者自身によって考案されたものではなく、ボードゲームを分析する計算機科学者らによって、最適化問題の題材として盛んに研究されているものだ。

1つのターンの進行は以下のようになる。最初にサイコロ（ふつうの6面ダイス）を4つ振る。出目を確認したあと、4つのサイコロを2つのグループに分ける。4つのサイコロを2つのグループに分ける方法は3通りあるが、プレイヤーが好きな方法を選んでよい。2つのグループの出目の合計を計算して、その2つの数字に対応する山に置いた登山家コマを1つ上方向に進める。たとえば、出目が

（1, 3, 5, 6）の場合だと、

- **(1, 3) と (5, 6) に分ける → 1＋3＝4 の山と 5＋6＝11 の山を1マスずつ進める**
- **(1, 5) と (3, 6) に分ける → 1＋5＝6 の山と 3＋6＝9 の山を1マスずつ進める**
- **(1, 6) と (3, 5) に分ける → 1＋6＝7 の山と 3＋5＝8 の山を1マスずつ進める**

という3つの選択肢から1つを選ぶこととなる（図1-3）。当然ながら、端の山、すなわち2や12の山は出にくく、真ん中の山は登りやすい傾向がある。この難易度を調整するために、真ん中の山は高く、登頂するまでにたくさんのマスの進行が必要な構造となっている。

サイコロを振り、登山家コマを進める作業を終えると、プレイヤーはターンを終え、現在登山家コマがある位置にキャンプを張るか、このまま登山を続行するかを選ぶことができる。キャンプを張ると、次のターンの登山はキャンプの位置から進められ、登山の進捗がキャンプの位置より下に戻ることは決してない。登山を続行する場合は、再びサイコロを振り、2つのグループに分けるという作業を繰り返す。

注意すべき点は、1ターンのうちに登山家コマを動かせる山は3つまでであり、この制約のせいで、どの登山家コマも進められなければ、登山に失敗してしまうということだ。たとえば、すでに2, 5, 10の山を登り進めている状態で追加のサイコロを振り、先述のような(1, 3, 5, 6)が出てしまった場合、2, 5, 10のいずれの数値も2つの出目の和として作ることができないので、登山失敗となってしまう。登山失敗になってしまった場合は、そのターンでの進捗はすべて失われ、キャンプまで後退することとなる。3つの山の頂点にキャンプを張った時点でゲーム終了となる。プレイヤーは、ゲーム終了までにかかる経過ターン数を最小化することを目指す。

「1手詰」と「ソリティア・キャントストップ」の違い

1手詰とこのソリティア・キャントストップには、大きな違いが2つある。1つ目は、プレイヤーが選択を行うのは1回きりではなく、刻一刻と変化し続ける局面に応じながら、逐次的に何度も選択を行うこと。2つ目は、サイコロの目というランダムネスがゲームの要素に含まれることだ。何度も選択を行い、サイコロの出目にも局面の推移が左右される中、プレイヤーはゲームが終了したタイミングでの状況(経過ターン数)によって決まる利得を最大化することを目指す。

プレイヤーは、自分の選択とサイコロの目に応じて変化する状況に合わせ、場面ごとにもっとも望ましい手を選んでいく必要がある。この要素を扱うためには、**局面**という概念を導入する必要がある。局面とは、選択を行う時点でプレイヤーが直面している状況を記述したものだ。ボードゲームに即していえば、ゲームの盤面の様子そのものを指す。ソリティア・キャントストップの場合は、サイコロをグループ分けする際には「4つのサイコロの出目」「現在の登山家コマの位置」「現在のキャンプの位置」「現在の経過ターン数」、そしてキャンプを張るかこのまま登山続行するかを選択する場合は、サイコロの出目を除いた3つの情報が、現在のゲーム盤面が成す局面となる。プレイヤーが選択を行ったり、サイコロの出目が確定したりする度に盤面が変化し、新しい局面が生まれていく（厳密にいえば、盤面が同じでも、その盤面に至るまでの経路、いわば棋譜が異なることは多々あり、同じ盤面・異なる棋譜を区別する局面の定義の仕方もあるが、本書ではこの点には深く立ち入らないことにする）。

局面はプレイヤーの状況を表したものなので、局面を見ればプレイヤーのその局面での選択肢もわかる。サイコロをグループ分けする局面では、「どうサイコロをグループ分けするか」、すなわち「どの登山家コマを進めるか」が選択肢のリストだ。たとえば、ターンの最初に（1, 3, 5, 6）がサイコロの出目として出た場合には、「4と11の山の登山家コマを進める」「6と9の山の登山家コマを進める」「7と8の山の登山家コマを進める」の3つがプレイヤーの取れる選択肢のリストとなる。キャンプを張るか登山続行するかを選ぶ局面では、選択肢のリストは必ず「キャンプを張る」「登山続行する」の2つだ。このように、プレイヤーの選択肢のリストは局面に依存して決まる。

プレイヤーの仕事は、各局面で、最終的に利得を最大化するような選択肢を選ぶことだ。言い換えると、局面ごとにどのような選択肢を選ぶかの方針、ルールを決めるということになる。この、局面（＝いまプレイヤーが置かれている状況）を入力すると、選択肢（＝その局面でプレイヤーがどの選択肢を取るか）が出力される対応関係は、数学の用語では**関数**とみなすことができ、ゲーム理論の用語ではこの関数を**戦略**と呼ぶ。最適なプレイングを行うということは、利得を最大化するような戦略を選ぶということに他ならない。

最適な戦略の求め方：評価値と後ろ向き帰納法

局面の評価値とは、その局面から最適な戦略を取ったときにどのぐらいの**期待利得**（利得の期待値）が得られるかという情報を記録したものだ。いくつかの局面のもとでは、ゲームの終了条件が満たされ、プレイヤーの利得が最終確定している。ソリティア・キャンストップの場合は、3つの山の頂上にキャンプが張られていればゲーム終了となり、その瞬間にプレイヤーの利得は経過ターン数にマイナス1をかけたものが確定する。こういう局面に対しては、「得られそうな利得」にあたる評価値は当然、確定している利得そのものとして定める。

ゴールにあたる局面の評価値は利得に等しいという情報が与えられれば、その一歩手前の局面の評価値も定められる。この局面は、1手詰とまったく同じだ。具体的にいえば、今すぐに3つの山の頂上にキャンプを張ることができる局面の評価値は、現在のターン数にマイナス1をかけたものになる。プレイヤーはこのターン、その評価値を確実に得られる選択を行うことができるからだ。

さらにその一歩手前の局面を考えよう。もうすぐ3つ目の山の頂上にキャンプを張れそうだが、そのためには必ずもう1回以上サイコロを振らないといけないという局面だ。この局面からサイコロを振ると、出目によってはゲームの終了条件を満たすことのできる局面に移り、出目によってはそうではない局面へと移る。どういう出目がどれぐらいの確率で出るかは、サイコロの出目に関する単純な確率計算で導出できるので、行き先の局面の評価値の期待値を計算することができる。このターンでの登山を終え、キャンプを張ることに決めれば、今の登山家コマの位置にキャンプが上った状態で次のターンへ移るという局面に確実に移る。評価値は最適な戦略を取ったときの期待利得として定めるので、登山続行を選んだときの評価値と、キャンプを張ったときの評価値の高いほうを、今考えている局面の評価値と置く。

「すでに終了条件を満たしている」局面の評価値は、ゲームのルールとして定められている利得と一致するということを足掛かりに、その一歩前、さらにその一歩前……と、評価値の計算ができている局面をどんどん増やしていけば、理屈の上からいえばすべての局面の評価値を計算することができ、しかもどういう戦略が最適なのかがわかる。これが**動的計画法**、あるいは**後ろ向き帰納法**と呼ばれる考え方だ。これを繰り返していくと、パズルにおける必勝法、すなわち、どのような戦略を取れば期待利得が最大化できるかがわかる。

一般のパズルを解くのは難しいが、これは単なる計算能力の問題だ。無限の記憶力と無限の計算能力を持つ神のようなプレイヤーからすると、1手詰もソリティア・キャントストップも変わりはない。（期待）利得を最大化するような戦略が存在し、その戦略に従って粛々と自分の利得（の期待値）を最大化するようにプレイするだけのことだ。この「後ろ向き帰納法」による求解が、ゲーム理論におけるもっとも基本的な最善手、あるいは必勝法の探し方である。

1-5 難しすぎるパズルをどう解くか？

「最適戦略は理論上計算できる」に意味はあるか？

無限の記憶力と計算能力があれば、1手詰もソリティア・キャントストップも変わりはないとは言ったが、もちろん現実の人間の計算能力には限りがある。1人プレイ用に問題を単純化してもなお、ソリティア・キャントストップは完全解析をするには難しすぎるゲームだ。筆者の知る限り、コンピュータを活用した研究も最適戦略を見つけるには至っていない。

計算能力が足りないがゆえに最適戦略が見つけられないという問題は、ボードゲームの分析ではしばしば発生している。たとえば、囲碁、将棋、チェス、オセロなどは局面の総数が多く、また各局面において取れる選択肢が多すぎるため、必勝法の発見にはまったく至っていない。局面の総数と各局面における選択肢が多ければ多いほど、すべての局面に対して評価値を割り振るのにかかる時間は長くなり、必勝法の計算にかかる時間は膨れ上がってしまうのだ。チェッカー、どうぶつしょうぎのような、もう少しシンプルなゲームでは必勝法の発見に至っているが、このような比較的単純なクラスのボードゲームであっても、人間がこの必勝法を完全に暗記し、同じ戦略を取ることは不可能といってよいだろう。

解けるゲームへの単純化

ゲーム理論を使う経済学者が複雑すぎる問題に直面した際にしばしば行う工夫は、問題を抽象化して解ける問題へと単純化することだ。経済学者の関心は、現実の社会問題を解くことだが、ボードゲームよりもなお複雑な現実の社会問題をそっくりそのまま数学的なモデルに落とすのは無謀だ。むしろ余分な要素をそぎ落とし、本質的に重要な部分だけを集めてモデルを作るほうが、よりよく問題の構造を理解できる。この意味で、経済学者が複雑すぎるゲームやパズルを考察することはあまりなく、「計算能力が足りなくて最適戦略が導けない」という問題はうまく回避されている。少なくとも、学部レベルの教科書などでは、最適な戦略の計算が複雑すぎてできないという話はまったく扱われないトピックだ(ただし、近年は経済学の工学的な応用も進んできており、最先端の研究では、厳密な最適化が難しい問題に向き合うものも増えてきている)。

ボードゲームの分析をする研究者でも、普及しているボードゲームを解析するための足掛かりとして、単純化されたバージョンを完全解析することはよくあることだ。たとえば、オセロは盤面のサイズを小さくしたバージョンは必勝法が発見されているし、キャントストップについても、山の数と1ターンのうちに進められる登山家コマの数を減らした縮小バージョンを考察し、最適な戦略を求めている研究もある。ポーカーなどでも、AIを使った研究をする場合には、レイズできる金額の幅やプレイヤーの人数などに制限をかけて問題を単純化することも多い。逆に、チェッカーのように、通常の8×8の盤面では「必勝法(双方が最善を尽くした場合、引き分けになることが証明されている)」が発見されているゲームでも、盤面のサイズを増やすと必勝法の発見が飛躍的に難しくなることが示されているものもある。

社会問題などを解決したい場合、どうしても難しい問題を難しいままに解きたいということは稀だ。そもそも現実の状況を、ルールが厳密に定まった「ゲーム」に落とすのは困難であり、どのみち抽象化を経なければゲーム理論による分析の対象とはなりえない。いずれにせよ抽象化を経るのであれば、その度合いをもう少し強め、単純なゲームに落として分析したほうが、便益が大きいのである。しかし、ボードゲームに勝ちたいという気持ちが本書を開いている動機となっているなら、問題のほうを改変する手を使うわけにはいかない。それでは、計算能力が限られたボードゲーマーが複雑すぎる問題に直面した場合はどうすればよいのだろうか?

ヒューリスティクス：シンプルで強い戦略の構築

ひとつの方法は、可能な範囲で、なるべく最適なものに近い、近似的に正しい評価値を計算することだ。この近似的な評価値は、人間（あるいはコンピュータ）が実際に計算できるものでなければならないので、その計算ルールはシンプルなものでなくてはならない。このような、簡単に計算できるが最適な答えが返ってくるとは限らない手法を、計算機科学の用語で**ヒューリスティクス**と呼ぶ。

キャントストップにはかなり古くから知られた有名なヒューリスティクスがある。1986年（キャントストップの誕生の6年後）にマイケル・ケラーが発表した**28点ルール**である。28点ルールは、以下の要領で各ターンの進捗度合いを点数で評価し、点数が28点以上となったらこれ以上進むのはリスクが高すぎると考えてキャンプを張るという方法だ。

- **最も登山家コマを進めやすい7の山の基礎点を1点とし、6と8のマスの基礎点を2点、5と9のマスの基礎点を3点、という具合に、7を中心として左右対称に基礎点を割り振る。**
- **ターンの中で、ある山の登山を開始したときには基礎点の2倍を、すでにこのターンで登り始めている山の登山家コマを進めたときには基礎点の分を、このターンの進捗とし**

て計上する。

●登り始めている3つの山がすべて奇数である場合、このターンの進捗に2点を加える（奇数は偶数より作るのが難しく、このような局面では登山失敗のリスクが高まるため、早めにキャンプを張るようにしたい）。

●登り始めている3つの山がすべて偶数である場合、このターンの進捗から2点を減じる（上記とは逆の理由で、登山失敗のリスクが比較的小さい）。

●登り始めている3つの山がすべて7以下か、7以上である場合、このターンの進捗に4点を加える（サイコロの出目が大きかったり小さかったりする場合に登山失敗となりやすく、登山失敗のリスクが高い）。

●登山の進捗が28点以上となったらそれ以上サイコロを振らず、その時点でキャンプを張る。ただし、28点以上となった場合でも、まだ登り始めている山が2つ以下である場合は登山を続行する。

この28点ルールはきわめてシンプルで、簡単に暗記できる。与えられた局面をもとに、28点ルールを使って行動を決めるのも簡単という意味で、28点ルールは計算可能な戦略だ。したがって28点ルールは、理論上存在するおそらく暗記不可能なほどに複雑な最適戦略よりも、はるかに人間のプレイヤーにとっては便利なものとなっている。28点ルールによって導き出される戦略が、最適な戦略とどれぐらい近いのかを測る理論的な分析はなされていないが、実戦的なパフォーマンスはそれなりによく、初心者がまず覚えるべきシンプルな基本戦略として普及している。

同様に、多くのゲームの定跡と呼ばれるものは（勝ちが確定していることが人間にもわかるようになった最終盤からの手順を除いて）、最適戦略ではなく、ヒューリスティクスの一種である。定跡の最適性は数学的には証明されておらず、定跡と最適戦略がどれぐらい近いかすら明らかにはなっていない。しかしながら、経験上、定跡に従うことで一定のパフォーマンスが出ると広く信じられている。そして、必勝法とは異なり、定跡は暗記可能な戦略である。ヒューリスティクスというと難しい専門用語のように感じるかもしれないが、これはボードゲームのプレイヤーは当たり前に使っているものなのだ。

Summary

第1章のまとめ

- 1人プレイのゲームには戦略的駆け引きの要素がなく、突き詰めれば最適化を楽しむパズルである。
- 手番が1回しかない「1手詰」のパズルは、選択肢と利得だけの問題に抽象化できる。
- 手番が複数回あるパズルでは、局面ごとによい選択肢を選ぶ問題に帰着する。
- パズルの終了局面を起点として、各局面から得られそうな利得を計算していく「後ろ向き帰納法」でパズルの解である最善手を理論上導出することができる。
- 現実には後ろ向き帰納法による求解は計算上難しいので、より単純化した問題を考えたり、最善手とはいえないがそれなりに性能が良さそうな手を、ヒューリスティクスを用いて見つけたりしている。

Column

コラム1：ゲーム理論教育の難しさと本書の狙い

ゲーム理論はしばしば入門のハードルが高い学問とみなされる。筆者にとって、これはやや不思議なことだ。ゲーム理論で扱われる問題の多くは身近に体験可能で、かつ実践的なものだし、要求される数学のレベルはそれほど高くなく、中高生でもゲーム理論のエッセンスを理解することは可能だ。にもかかわらず、筆者が受け持つ大学の講義でも、ゲーム理論の本質を最後まで掴み切れない学生がたくさんいる。

はたして、ゲーム理論の初学者にとって一番大きな理解のハードルとなるポイントはどこにあるのだろうか。ゲーム理論の本質が掴み切れない理由の1つは、ゲームのルールからゲームの状況を想像することが、初学者にとっては難しいことにある。ゲーム理論の教科書や授業では、現実の社会問題などを取り巻く環境をゲームとして抽象化し、その帰結を理論的に予測し、評価することを学ぶ。抽象化された社会問題を取り巻く環境は、まさにルールによって状況を指定されたゲームだ。このようなゲームを数学の技術を使って分析し、ゲームがどのように進行するか、すなわち社会問題がどうして発生するかを予測することが、経済学でよく行われるゲーム理論を使った社会の分析である。

しかし、そもそもゲームのルールを見ただけでゲームのプレイヤーが置かれている状況を想像することは、初学者にはできない。プレイヤーとしてボードゲームなどを遊んだことがある読者なら想像できると思うが、ゲームのルール、言い換えれば「説明書」を読んだだけでゲームの構造を理解できるのは一部の愛好家だけで、慣れていない人は、まともなプレイができるまでにそのゲーム自体のプレイ経験をある程度積む必要がある。しかし、ゲーム理論の授業の中で、教科書を読んだり授業を受けたりしているだけでは、事例として提示されるゲームを実際にプレイする機会は得られない。たとえば、第6章でも触れるように、環境問題はゲーム理論を使って分析できる社会問題の1つだが、自国の経済と環境にかかわる政策の決定を行ったことがある読者は稀だろう。「プレイ経験」のない社会問題ばかりが題材として扱われるために、初学者はゲーム理論の問題を、「プレイヤーたちがどのように考えて行動を選択し、結果としてどのようにゲームが進行するか」を想像する過程を飛ばし、ルールから謎めいた計算によって帰結を計算する、よくわからない抽象的な数学の問題として捉えてしまいがちなのだ。

授業では伝えにくいゲーム理論の本質を伝えるため、体験ベースでゲーム理論の導入ができないかと考えたのが、本書執筆のきっかけである。プレイヤーとしての視点を持つためには、ゲームをプレイするのが一番だ。ゲームのルールの理解と、プレイヤーとしての視点の2つが得られるボードゲームをもとにゲーム理論の導入を行うことで、授業では伝えられない感覚を身に着けてもらうのが、本書の狙いなのだ。

Chapter 2

Unraveling Equilibrium in Rock, Paper, Scissors: Simultaneous Games

第2章 じゃんけんの均衡を探す ── 同時手番ゲーム

第2章ではいよいよ、複数のプレイヤーが戦略的な駆け引きをしながら自分の利得の最大化を目指す状況――すなわち、「ゲーム」の分析を進めていく。「パズル」と「ゲーム」の違いは、大雑把にいえばプレイヤーが1人か複数かだけだ。パンデミックのような例外はあるが、プレイヤーが複数人いるボードゲームはすべて「ゲーム」の状況だと思ってよい。

なぜ、概念としてのパズルとゲームを区別する必要があるのだろうか。第1章で分析したように、パズルはただの最適化問題である。プレイヤーはたった1人いて、ゲーム中で最大化するべき目標として利得関数が与えられ、プレイヤーは期待利得を最大化するように選択肢を選んでいく。これは数学的には明確に定義された問題で、プレイヤーに十分な計算能力があれば最適戦略を導き出すことが可能だ。

一方で、各プレイヤーに無限の計算能力があるだけでは、ゲームがどういう帰結に至るかを導くことはできない。プレイヤーの利得は、他のプレイヤーの選択に依存するからだ。このため、あるプレイヤーにとっての最適な戦略は、他のプレイヤーがどのような戦略を取るかに依存する。

じゃんけんの例を考えればわかりやすい。じゃんけんのルールは、ある意味1手詰以上に単純である。選択肢の数も少なく、利得関数も非常にシンプルだ。しかし、じゃんけんで「グー」、「チョキ」、「パー」のどの手をプレイするのがもっとも得かは、相手のプレイヤーがどの手を選ぶかによって変化する。このため、単にゲームのルール（状況の集合・各状況における選択肢・ゲームの結果に割り当てられた利得）が与えられただけでは、個々のプレイヤーがどういう戦略を選ぶことが最適になるのか、一意に定まらないのだ。これがゲーム固有の難しさである。

本章では、じゃんけんのように全プレイヤーがいっせいに選択肢を選ぶ**同時手番ゲーム**というシンプルなゲームを分析し、ゲーム理論のキモである戦略的駆け引きの考え方を学ぶ。

2-1 「パズル」から「ゲーム」へ

最適反応＝最善手を求めるために「戦略」を考える

ゲームの問題では、相手が何をしてくるかによって、自分が取るべき手が変わる。じゃんけんの例でいえば、相手が「グー」を出すなら自分は「パー」を出すべきだし、相手が「チョキ」を出すなら自分は「グー」を出すべきだ。したがって、相手がどう選択肢を選ぶかを指定しなければ、最善手が何かを定めることができない。

個々のプレイヤーの最適化問題を特定する一番基本的な方法は、他のプレイヤーの行動様式を固定してしまうことだ。他のプレイヤー全員はサイコロの出目などと同様に規則正しく動くと思ってしまえば、あるプレイヤーの直面する問題は単なる最適化問題に落ちる。

先述のじゃんけんの問題でも、相手のプレイヤーが確率pで「グー」を、確率qで「チョキ」を、確率1－p－qで「パー」を出すと仮定すれば、自分が「グー」「チョキ」「パー」のそれぞれを選んだときにどういう確率で勝ち、どういう確率で引き分けるかは簡単に特定することができる。「どの手を出すと勝率が何%か」も計算できるようになるため、自分がどの手を取るのが最善かもしっかりと定まる。こう考えると、「この局面ではこの選択肢を取るのが最適」ということを考える下準備として必要な、「もし相手がこう選択肢を選んでくるなら、自分はこう選択肢を選ぶのが最適」という、if節を含んだ形での最善手を考えることができる。

「相手がこう選択肢を選んでくる」という仮定をきちんと考えるにあたっては、パズルの分析でも考えたような戦略、すなわち「すべての局面においてどういう選択肢を取るかをあらかじめ指定するルール」という概念を使うのが便利だ。「もし相手がこういうふうに選択肢を選んでくるなら……」を仮定することは、まさに相手がどういう戦略を取るかを仮定することであり、「自分はこういうふうに選択肢を選ぶのが最適になる」というのは、自分がどういう戦略を選ぶのが最適になるかを考えていることに対応するからである。

他のプレイヤー（2人以上いるならその全員）の戦略を何かに固定してしまえば、あるプレイヤーがゲームの中で直面する問題はただのパズルに落ち、最適な戦略が明確に定義される。この最適な戦略を、ゲーム理論の用語では**最適反応**と呼ぶ。「最善手」ではなくわざわざ「最適反応」としているのは、最適反応が最適なのは、特定の他のプレイヤーの戦略に対してだけだからだ。たとえば、じゃんけんにおいて、「必ずグーを出す」という戦略は、相手の「必ずチョキを出す」という戦略に対しては最適反応だが、「必ずパーを出す」という戦略に対して最適反応ではない。「最善手」と言ってしまうと、相手の戦略にかかわらずに一番よい戦略だというニュアンスが出てしまうため、最適反応という用語が使われているのである。

どういう戦略の組が選ばれる?

最適反応は、要するに「相手がこういう戦略を取ってくるのであれば、自分はこういう戦略を取るべきだ」という考え方だ。プレイヤーがどの手を選ぶべきかという問題に結論を出すためには、「相手がどの戦略を選びそうか」についても検討する必要がある。

プレイヤーは複数いるので、予測するべきなのは1人のプレイヤーの戦略ではなく、すべてのプレイヤーの戦略、つまり戦略の組だ。個々のプレイヤーの目線で考えると、どのプレイヤーも自分の利得を高めたいので、相手の戦略に対する最適反応を取りたがる。もし、プレイヤーAがプレイヤーBの戦略に対して最適反応を選んでいないなら、プレイヤーAは自分の期待利得を最大化していないことになる。この場合、プレイヤーAは戦略を変えたいと思うはずなので、こういう戦略の組が実現することは起きにくそうだ。ゆえに、プレイヤーAの戦略はプレイヤーBの戦略に対して、プレイヤーBはプレイヤーAの戦略に対して最適反応となっているような戦略の組こそが、ゲームにおいて実現しやすそうだといえる。一般化すると、すべてのプレイヤーが相手(たち)の戦略に対する最適反応を選んでいる戦略の組がプレイヤーたちに選ばれそうだということだ。この「すべてのプレイヤーが相手の戦略に対する最適反応を選んでいるような戦略の組」のことを**ナッシュ均衡**と呼ぶ。

ゲームやパズルを理論的に分析する目的の一つは、外から見てゲームやパズルをプレイしている人たちがどういう戦略を取りそうか予測することだ。たとえば、ゲームデザイナーの観点から見ると、プレイヤーたちがどのようにボードゲームをプレイするかをある程度理論的に予測できないようでは、ゲームの開発を行うことはできない。同様に、ゲーム理論をボードゲームではなく、社会問題を分析するツールとして用いる場合も、プレイヤーにあたる利害関係者がどういうインセンティブを持ち、どういう行動を取るかを分析することが大事になる。ナッシュ均衡は、このような場合にゲームの帰結を予測するための手がかりとなる。

2-2 じゃんけんの分析

じゃんけんのルールを整理する

実際に、単純なゲームでナッシュ均衡を求めてみよう。日本人にとってもっとも馴染みがあり、かつとてもシンプルなゲームとして、ここではじゃんけんを取り上げる。今回は、一番簡単なケースである2人プレイヤーのケースを考えよう。説明のために、この2人の名前をプレイヤーAとプレイヤーBとする。まず、じゃんけんのルールを整理してみよう。AとBの2人は、「じゃん、けん、ぽん」の掛け声と共に、同時に「グー」「チョキ」「パー」の3つの手（指の出し方）から1つを選ぶ。「グー」は「チョキ」に勝ち、「チョキ」は「パー」に勝ち、「パー」は「グー」に勝ち、同じ手が出ればあいこ、すなわち引き分けである。ルールはたったこれだけだ。

ゲームとしてきちんと分析するための第一歩は定式化だ。じゃんけんはすべてのプレイヤーが同時に1回だけ選択肢を選ぶ同時手番ゲームだ。局面に応じて選択を変えることはできないという意味で、ソリティア・キャントストップではなく、1手詰〇×ゲームに近い問題になっている。唯一の違いは、プレイヤーの数が複数になっていることだけだ。1手詰〇×ゲームのような、一度しか選択肢を選ぶ機会のないパズルを定式化するためには、「選択肢のリスト」と「それぞれの選択肢から得られる利得」を特定する必要があった。じゃんけんを定式化するためには、この作業をプレイヤーの人数分（今回は2回）行う必要がある。

選択肢のリスト作りは簡単だ。まず、プレイヤーAもプレイヤーBも「グー」「チョキ」「パー」の中から1つの選択肢を選ぶ。プレイヤーAの利得は、プレイヤーA自身の選択と

表2-1：プレイヤーAのじゃんけんの利得表

利得表		プレイヤーB（相手）の選択肢		
		グー	チョキ	パー
プレイヤーA（自分）の選択肢	グー	0	1	−1
	チョキ	−1	0	1
	パー	1	−1	0

プレイヤーBの選択に応じて決まる。たとえば、プレイヤーAが「グー」でプレイヤーBが「チョキ」なら、プレイヤーAは勝つので、1の利得を得る。プレイヤーAもプレイヤーBも「グー」なら引き分けで、プレイヤーAの利得はゼロだ。プレイヤーAが「グー」でプレイヤーBが「パー」なら、プレイヤーAは負けなので、利得は−1だ。こんな感じで、プレイヤーAに選択肢が3つ、プレイヤーBに選択肢が3つで、合計3×3の9通りの選択肢の組に対して、プレイヤーAの利得を定めていくことができる。文章でだらだらと書くよりも、3×3の表に整理してしまったほうがわかりやすい（表2-1）。

　プレイヤーAの利得を定め終わったら、次はプレイヤーBの利得を作る。とはいっても、

表2-2：プレイヤーA、Bのじゃんけんの利得表

利得表		プレイヤーBの選択肢		
		グー	チョキ	パー
プレイヤーAの選択肢	グー	0，0	1，−1	−1，1
	チョキ	−1，1	0，0	1，−1
	パー	1，−1	−1，1	0，0

やることはまったく同じで、同じように選択肢の組に対して、プレイヤーBの目から見た利得を計算していくだけだ。たとえばプレイヤーAが「グー」でプレイヤーBが「チョキ」の場合は、プレイヤーAは勝ちなので利得は1だが、プレイヤーBの目から見ると負けなので−1の利得を書き込む。こうして、2つの3×3の利得の表が完成する。毎回、2つの表を書くのは面倒なので、ゲーム理論家は通常、できあがった2つの表を重ねるような形で書いてしまう。これが**利得表**とか**利得双行列**と呼ばれる表だ。選択肢の組に対応する各マスには、2つの数字が書き込まれており、1つ目がプレイヤーAの利得、2つ目がプレイヤーBの利得を表している（表2-2）。

1手詰〇×ゲームとは違い、ここから各プ

レイヤーの最適反応が何か、ナッシュ均衡がどうなるかを分析するには、もう少し作業が必要だ。しかし、この利得表さえ書いてしまえば、もとのゲームのルールのことは「忘れてよい」ことはパズルのケースと同じである。

じゃんけんの最適反応

まず、じゃんけんの最適反応を考えてみよう。ここでは、プレイヤーBが確率pで「グー」、確率qで「チョキ」、確率rで「パー」（p＋q＋r＝1）を出すという戦略を取ってくるときの、プレイヤーAの最適反応を考える。まずプレイヤーAが「グー」を出したらどうなるかを考えよう。プレイヤーAの手は決まっていて、プレイヤーBの取る手は前述の確率に従って決まるので、結果が「グー・グー」のあいこになる確率はp、「グー・チョキ」でAの勝ちになる確率はq、「グー・パー」でAの負けになる確率はrだ。したがって、プレイヤーAの期待利得はq－rになる。同じように、「チョキ」を出したときの期待利得を計算するとr－pになり、「パー」を出したときの期待利得を計算するとp－qになる（表2-3）。

「グー」「チョキ」「パー」を取ったときの期待利得の計算はできたので、あとはどれが一番大きいかを比べるだけだ。ここから先の作業は、1手詰〇×ゲームでやったこととまったく変わらない。すなわち、q－rが一番大きければ「グー」が最適反応となり、r－p

表2-3：グー、チョキ、パーの期待利得

		プレイヤーBの選択肢				
		グー 確率pで出す	チョキ 確率qで出す	パー 確率rで出す		期待利得
プレイヤーAの選択肢	グー	$p \times 0$	$q \times 1$	$r \times (-1)$	➡	$q-r$
	チョキ	$p \times (-1)$	$q \times 0$	$r \times 1$	➡	$r-p$
	パー	$p \times 1$	$q \times (-1)$	$r \times 0$	➡	$p-q$

が一番大きければ「チョキ」が最適反応となり、p－qが一番大きければ「パー」が最適反応となる。もし、複数の手が同率1位であれば、それらの手はどちらも最適反応で、さらに確率的にいろいろな手を取ることを考えるなら、「期待利得が同率1位の手」を確率的に混ぜて出す戦略も最適反応となる。

じゃんけんのナッシュ均衡

では、じゃんけんのナッシュ均衡も求めてみよう。とはいっても、じゃんけんは日常的にプレイする機会も多く、ほとんどの読者は感覚的に「グー」「チョキ」「パー」を等確率で出すのがじゃんけんにおける均衡の戦略となることを予想しているだろう。実際にこの戦略の組は均衡となる。まずこのことを確認してみよう。

計算は簡単だ。プレイヤーBがすべての手を等確率で出すなら、p＝q＝r＝1/3で、プレイヤーAは「グー」を出しても、「チョキ」を出しても、「パー」を出しても、3分の1の確率で勝ち、3分の1の確率で負け、3分の1の確率で引き分ける。期待利得はゼロだ。この状況は、「グー」、「チョキ」、「パー」を確率的に混ぜて出してもまったく変わらない。選択肢を確率的に選んでも、結局「グー」、「チョキ」、「パー」のいずれかを出すことに変わりはないからだ。要約すると、プレイヤーBが「すべての手を等確率で出す」ならば、プレイヤーAはどのように手を選んでも得られる期待利得は等しく、ゼロになるということだ。ゆえに、プレイヤーAも「すべての手を等確率で出す」ことは最適反応となっている。プレイヤーAとBの役割を反転させても同じことがいえるので、お互いのプレイヤーが「すべての手を等確率で出す」ような戦略の組がナッシュ均衡になっていることが確認できる。

細かい証明は話が長くなってしまうので省くが、じゃんけんには他にナッシュ均衡がないことも簡単に示せる。誰しもが知っているじゃんけんでは「グー」、「チョキ」、「パー」の3つの選択肢を等確率で選ぶのがよいという経験則は、ゲーム理論の予測と見事に一致するのだ。

2-3

オニール・ゲームの分析：本当にナッシュ均衡はプレイされるのか？

じゃんけんの分析では満足できない理由

前節では、じゃんけんでみんながプレイしている戦略は、実はナッシュ均衡だということを解説した。おそらく大半の読者は「だから何？」と感じたのではないだろうか。じゃんけんで「グー」、「チョキ」、「パー」を等確率で出せばいいことなど、誰もが知っている。そんなことはあらためて教えてもらわなくてもいいから、ゲーム理論を使わないと予測できない何かを教えてくれ、と。

この疑問はもっともだ。じゃんけんにおいて経験則と理論的な予測が一致しているのはたまたまかもしれない。じゃんけんへの予測を知っただけでは、本当にナッシュ均衡が有用な概念なのかはまだわからない。この疑念を打ち消すため、ここでひとつ、おそらく読者の誰も見たことのないゲームを紹介しよう。

オニール・ゲームのルール

オニール・ゲームはバリー・オニールという経済学者が1987年に出版した論文の中

で発表したトランプゲームだ（図2-1）。オニール・ゲームはプレイヤーAとプレイヤーBの2人で行うゲームであり、ゲームの準備として各プレイヤーに「ジョーカー」、「1」、「2」、「3」の4枚のトランプを渡す。ちょうどじゃんけんと同じように、プレイヤーたちはせーの、でいっせいにこの4枚のカードのいずれかを出す。ただし、じゃんけんと違い、この2人のプレイヤーたちは対称ではない。プレイヤーたちの勝敗は以下のルールで決まる。

- **プレイヤーA・Bの両方がジョーカーを出したらプレイヤーAの勝ち**
- **プレイヤーA・Bの両方が数字札（1・2・3のどれか）を出した場合、お互いの出した数字が違えばプレイヤーAの勝ち**
- **残りのケースはすべてプレイヤーBの勝ち**

このゲームはじゃんけんと比べるとはるかに複雑だ。おそらく、本書の読者も、自分がプレイするとしたらどういう方針に従ってカードを選べばいいのか、ただちにはわからないのではないだろうか。もしあなたが腕に覚えのあるボードゲーマーであれば、自分ならどういう方針でプレイングするか（つまりどのような戦略を採用するか）、考えてみてほし

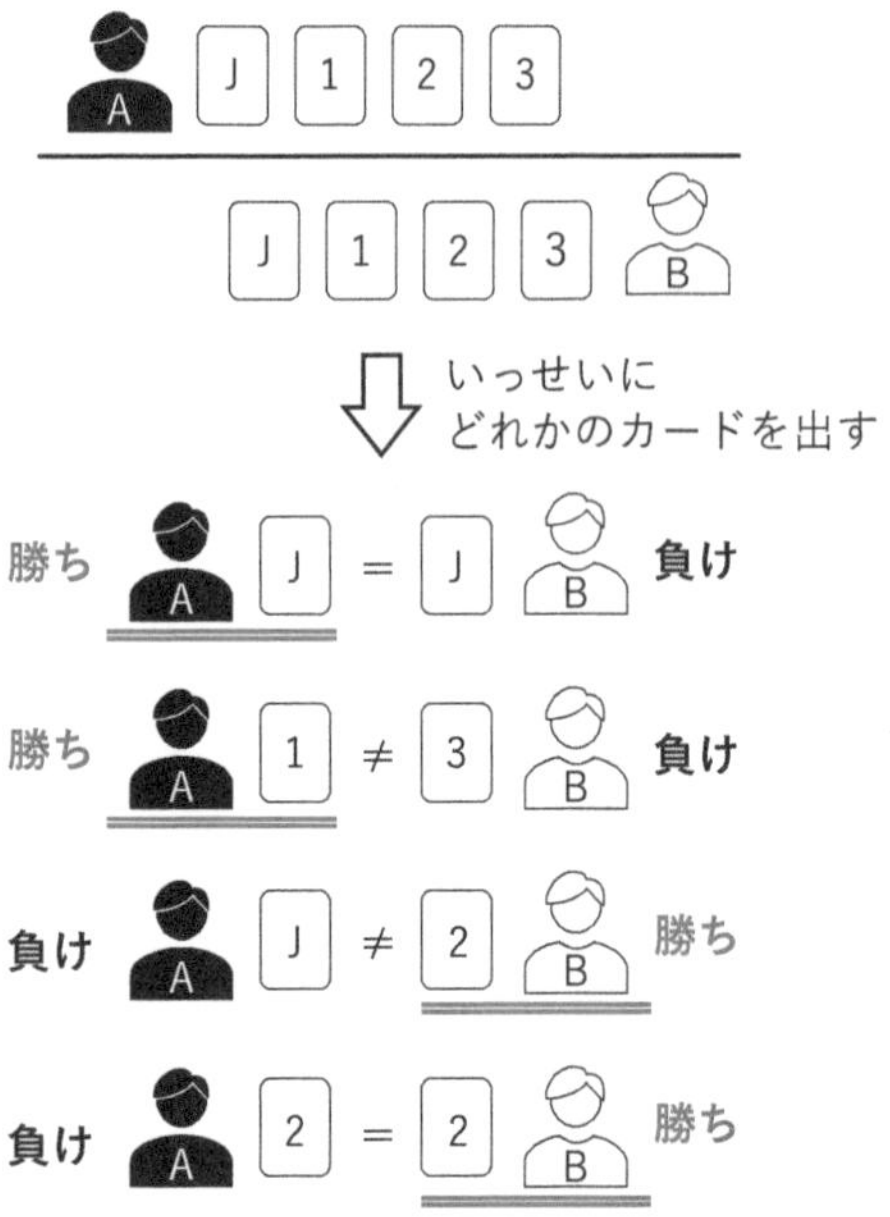

図 2-1：オニール・ゲーム

い。

ゲーム理論の解説を読む前に、このゲームをプレイしてみたい人は、身近な人を捕まえて、このゲームを20～30回ほど（記録をつけながら）プレイしてみることをオススメする。準備に必要なのはトランプだけだし、数十回やるだけなら10分もかからずに終えることができるだろう。

ゲーム理論による予測

では、実際にオニール・ゲームをどういうふうにプレイすべきかを、ゲーム理論を使って分析してみよう。ゲームの分析は、まず定式化からだ。プレイヤーはA・Bの2人、取れる選択肢はお互い「ジョーカー」「1」「2」「3」の4つだ。オニール・ゲームのルールに従って、4×4の利得表のマス目に勝ちなら1、負けなら

表2-4：オニール・ゲームの利得表①。
行がプレイヤーAの選択肢、列がプレイヤーBの選択肢を表す。
各マスに入っている数字は、左がプレイヤーAの利得、右がプレイヤーBの利得。

	ジョーカー	1	2	3
ジョーカー	1，0	0，1	0，1	0，1
1	0，1	0，1	1，0	1，0
2	0，1	1，0	0，1	1，0
3	0，1	1，0	1，0	0，1

0という数字を入れていくと、表2-4のような利得表が完成する。

この表から直接ナッシュ均衡を求めることもできるのだが、選択肢の数が多いのでやや面倒だ。少し横着をして、表を小さくしてみよう。**オニール・ゲーム**のルールを見ると、3つの数字札「1」、「2」、「3」の役割は対称的であることがわかる。ゆえに、（おそらく）ナッシュ均衡では、3つの数字札は均等な確率で出されるはずだ。そうだとすると、プレイヤーAもプレイヤーBも数字札を出したなら、それが同じ札になる確率が1/3、違う札になる確率が2/3となるだろう。このことをもとに、「1」、「2」、「3」を「数字札を均等な確率で出す」という選択肢にまとめてしまうと、利得表は表2-5のように2×2の表となる。

表 2-5：オニール・ゲームの利得表②。
行がプレイヤーA の選択肢、列がプレイヤーB の選択肢を表す。
各マスに入っている数字は、左がプレイヤーA の利得、右がプレイヤーB の利得。

	ジョーカー	数字札
ジョーカー	1, 0	0, 1
数字札	0, 1	$\frac{2}{3}$, $\frac{1}{3}$

こうして整理してみると、オニール・ゲームはプレイヤーBに有利なようにできていることがわかるだろう。（数字札、数字札）のマス目の利得の組が（1、0）なら、この利得表は対称的だが、実際はプレイヤーAの利得を少し減らした（$\frac{2}{3}$、$\frac{1}{3}$）が利得の組となっている（表2-5）。

プレイヤーたちはどのように選択肢を選ぶべきだろうか。プレイヤーAは、プレイヤーBがジョーカーを選んできそうならジョーカーを選び、数字札を選んできそうなら数字札を選びたい。プレイヤーBはその逆だ。このゲームでは、じゃんけんと同じように、相手に読まれないように適切な確率で「ジョーカー」と「数字札」を混ぜて出すのがよいということになる。実際に計算してみると、プレイヤーAもプレイヤーBも、40％の確率で「ジョーカー」を出し、60％の確率で数字札を出す、つまり「1」、「2」、「3」の札を各20％の確率で出すような戦略の組がナッシュ均衡となることがわかる。

理論と現実

オニール・ゲームは、ゲーム理論の予測と人間の行動が一致するかを確かめるため、被験者に実際にプレイさせるために開発されたゲームだ。実際に被験者のプレイ記録が論文として発表されている。

表2-6の最上段の2行は、ナッシュ均衡において各選択肢を選ぶ確率と、オニールの1986年の論文の実験の中で被験者が各選択肢を選んだ頻度を比較している。この2行を比較してみればわかるように、被験者たちは未知のゲームを突然プレイさせられたにもかかわらず、かなりナッシュ均衡に近い手を選んでいる。最終的なプレイヤーAとプレイヤーBの勝率の比も、ナッシュ均衡による予測にかなり近い。

実は、この実験結果はかなり高い精度で再現され続けている。たとえば、東京大学特別教授の神取道宏氏は、長年にわたり、氏の受け持つゲーム理論の講義などの中で、このオニール・ゲームを教育目的の経済学実験として実施し続けてきた（筆者も2009年の実

表 2-6：Kandori, M.（2018）.
Replicability of experimental data and credibility of economic theory.
Japanese Economic Review, **69**, 4-25. Figure 3 を和訳。

	プレイヤーA				プレイヤーB			
	J	1	2	3	J	1	2	3
均衡	0.4	0.2	0.2	0.2	0.4	0.2	0.2	0.2
オニール	0.36	0.22	0.22	0.20	0.43	0.23	0.18	0.17
2002	0.32	0.23	0.22	0.24	0.41	0.23	0.17	0.19
2003	0.30	0.24	0.22	0.24	0.36	0.22	0.20	0.22
2004	0.32	0.23	0.22	0.24	0.41	0.23	0.18	0.19
2006a	0.39	0.21	0.20	0.21	0.42	0.21	0.17	0.19
2006b	0.32	0.23	0.22	0.23	0.37	0.21	0.20	0.21
2009	0.39	0.21	0.20	0.20	0.42	0.20	0.19	0.19
2014a	0.38	0.21	0.20	0.21	0.44	0.20	0.17	0.18
2014b	0.41	0.20	0.19	0.20	0.42	0.21	0.18	0.19
2016	0.36	0.21	0.22	0.21	0.41	0.21	0.18	0.20
2015-2017	0.35	0.24	0.21	0.20	0.37	0.24	0.21	0.19

	勝率	
	プレイヤーA	プレイヤーB
均衡	0.40	0.60
オニール	0.41	0.59
2002	0.41	0.59
2003	0.42	0.58
2004	0.41	0.59
2006a	0.39	0.61
2006b	0.40	0.60
2009	0.41	0.59
2014a	0.41	0.59
2014b	0.42	0.58
2016	0.42	0.58
2015-2017	0.42	0.58

験に被験者として参加している)。表2-6の3行目以降では、神取氏が繰り返し行ってきた経済学実験の結果を表している。年によって多少バラつきはあるものの、おおむねどの年の実験でもオニールの実験結果は再現されていると言ってよいだろう。ゲーム理論を使った結果の予測があまりうまくいかないゲームもいろいろと知られているが、少なくともこのオニール・ゲームは、複雑なルールから非自明な結果の予測を導き、さらにそれがよく当てはまっている好例といえる。

2-4 「チキンゲーム」と「インカの黄金」

インカの黄金

本書の序章で紹介したインカの黄金を、ゲーム理論の知識を使ってもう少し詳しく分析してみよう。インカの黄金は、じゃんけんやオニール・ゲームのように一度しか選択肢を選ばない同時手番ゲームではなく、刻一刻と変わる局面に合わせて選択肢を選び続ける動学ゲームなのだが、局所的な問題は同時手番ゲームで分析することができる。

インカの黄金には3人から8人のプレイヤーが、古代遺跡を探検する冒険者として参加する。プレイヤーたちは5回の探索から得た財宝の数の合計(あるいはそれを勝利点とし

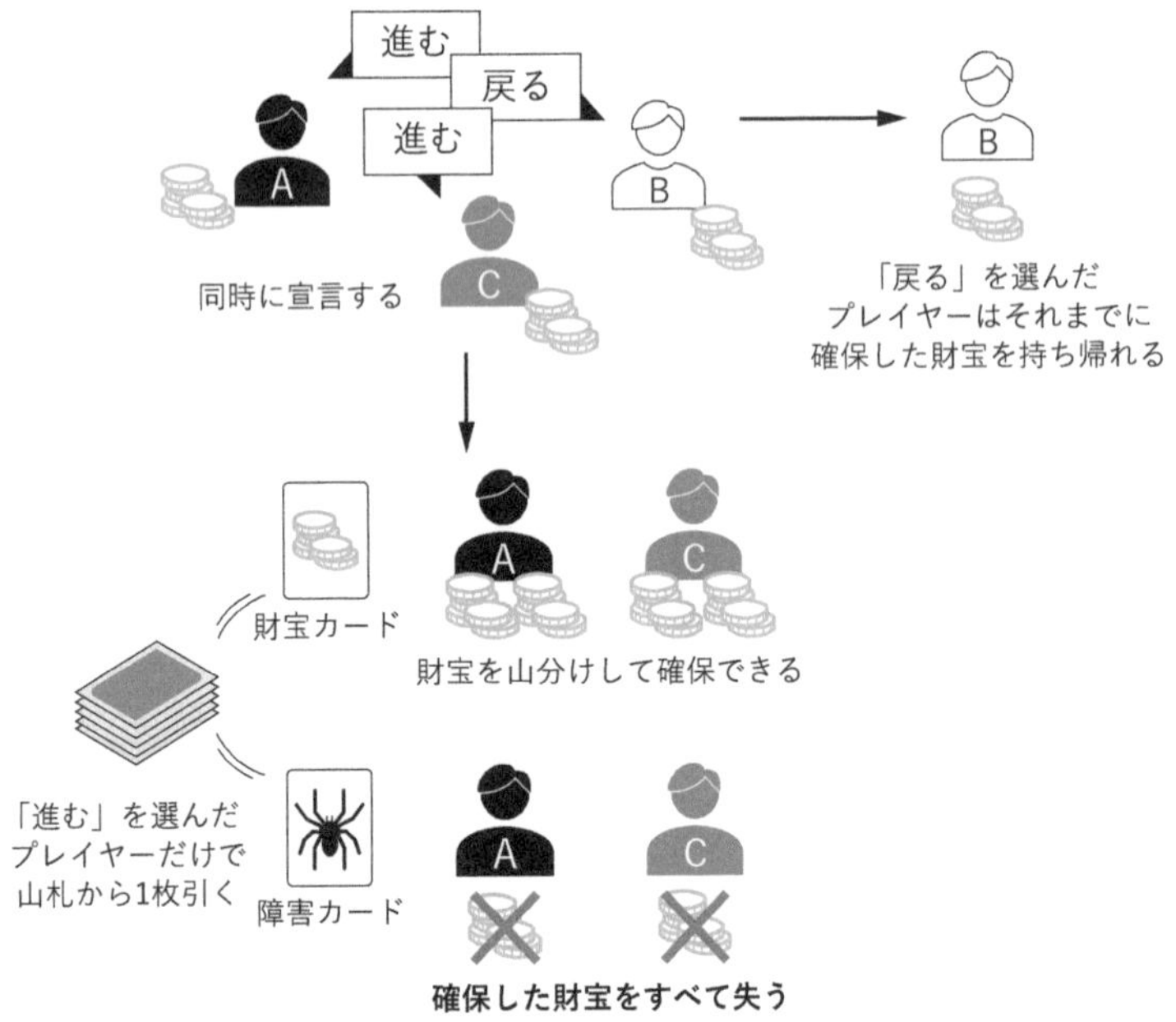
進む
戻る
進む
A
B
B
C
同時に宣言する
「戻る」を選んだ
プレイヤーはそれまでに
確保した財宝を持ち帰れる
A
C
財宝カード
財宝を山分けして確保できる
「進む」を選んだ
プレイヤーだけで
山札から1枚引く
A
C
障害カード
確保した財宝をすべて失う

図 2-2：インカの黄金

て決まる順位や勝ち負け）を最大化する。各探索では、毎ターン、探索を続けているプレイヤーは「進む」か「戻る」かを選択する。「進む」を選べば追加で財宝を得られる機会を得られるが、探索が途中で失敗してそれまでに得た財宝をすべて失ってしまうリスクがある。「戻る」を選べば、その探索で得た財宝を持ち帰り、利益を確定できる代わりに、それ以上財宝を得ることができない。探索中に新しく発生した財宝は、探索を継続しているプレイヤーだけで山分けすることになるため、多くのプレイヤーが「戻る」を選んだ後のほうが、探索継続した場合に得られる財宝の量は増えていく（図2‐2）。

チキンゲーム

インカの黄金でプレイヤーが行う意思決定は

表2-7：チキンゲームの利得表

	ゆずる	ゆずらない
ゆずる	3，3	1，4
ゆずらない	4，1	0，0

チキンゲームというゲームにとても近い。ゲーム理論の業界では、チキンゲームといえば以下のような状況を指す。2人のプレイヤーが同時に「ゆずる」か「ゆずらない」のいずれかを選ぶ。ゲーム名の由来となった度胸試しのゲームになぞらえて考えれば、「ゆずる」はほどほどのところでブレーキを踏んでしまうこと、「ゆずらない」はアクセルを踏み込むことに相当する。

チキンゲームの利得表は表2-7のような格好だ。プレイヤーたちにとって、一番望ましいのは自分が「ゆずらない」、相手が「ゆずる」を選んだ場合だ。この場合、ゆずらなかったプレイヤーは度胸試しに勝利したという名誉を得ることができる。次に望ましいのは2人ともが「ゆずる」を選んだ場合で、この場合、チキンゲームに勝てはしないものの、事故は避け、引き分けという形でゲームを終えることができる。自分が「ゆずる」、相手が「ゆずらない」を選んだ場合は、自分は度胸試しに負けたという屈辱を受けることになるが、事故だけは避けることができる。双方が「ゆずらない」を選んだケースが一番まずく、この場合は大事故となって生命も危うい。このようなシナリオに従い、各選択肢の組に利得を割り振っていくと、この表のような利得表が完成するというわけだ。

このゲームにはどのようなナッシュ均衡があるだろうか。相手が「ゆずらない」を選んできた場合、自分の最適反応は「ゆずる」だ。「ゆずる」と選ぶと負けてしまうのは悔しいが、相手が「ゆずらない」以上、「ゆずらない」を選択して最悪の結果に陥ってしまうよりはマシだ。逆に、相手が「ゆずる」を選んでいる場合、自分の最適反応は「ゆずらない」だ。「ゆずらない」を選べば、度胸試しに勝利するという最善の結果を得ることができるのだから、このような状況ではもちろん「ゆずる」べきではない。チキンゲームにはじゃんけんとは違って複数のナッシュ均衡があり、しかもこれらのナッシュ均衡では、片方のプレイヤーが「ゆずる」、もう片方のプレイヤーが「ゆずらない」というように、双方のプレイヤーが異なる選択肢を選ぶのだ（このほか、「ゆずる」「ゆずらない」を混ぜて出すようなナッシュ均衡も存在するが、じゃんけんの場合と違ってそういうナッシュ均衡は選ばれにくい性質があるので、解説は省く）。

インカの黄金：進むか、戻るか？

さて、インカの黄金に話を戻そう。ここでは、現在、2人のプレイヤーだけが探検を続け、残りのプレイヤーはすべて「戻る」を選択し終わった状況を考える。

どちらかのプレイヤーが「戻る」を選ぶか、障害カードが出て探検が強制終了するまで、この2人のプレイヤーは同時に「進む」か「戻る」のどちらかを選び続ける。議論を簡単にするため、プレイヤーたちが直面している状況を、今回のラウンドから得られる財宝の数の期待値を利得として得るような同時手番ゲームとみなそう（厳密には、プレイヤーが目指すのは勝率の最大化であり、特に終盤においてはプレイヤーたちのインセンティブは少々異なることがある）。

インカの黄金の特徴は、新しく出た財宝は現在も探検を続行しているプレイヤーたちの間で山分けすることであり、ゆえに2人で探検する場合に比べると、1人で探検する場合には倍の利益を得ることができる。したがって、自分が「進む」、相手が「戻る」を選んだときは、たくさんの財宝を得る大チャンスだ。また、複数人が「戻る」を選んだときには、場に出ている財宝は同時に「戻る」を選択した人たちの間で山分けとなることから、相手が「戻る」を選んだとき、自分は「進む」を選ぶインセンティブがさらに強くなる。

2人となってからも、しばらくは2人とも「進む」を選び続けることも多いだろう。しかし、暫定的に確保した財宝や場に出た財宝が多くなり、たくさん障害カードがめくられて探検失敗のリスクが上昇してくると「戻る」を選ぶインセンティブが徐々に強くなってくる。ちょうど2人で探検を続けることが得にならなくなったとき、プレイヤーが直面する問題はまさにチキンゲームと似た形になる。2人同時に探検を続けるにはリスクが高すぎるが、相手が戻るなら自分1人で最もおいしい状況で探検が続けられるので、探検を続けたい。この状況に直面したプレイヤーは、どちらが「進む」を選び、どちらが「戻る」を選ぶかを決めることとなる。

重要なのは、チキンゲームではじゃんけんのように、相手に負けないために選択肢を確率的に選ぶのは得策ではないということだ。実際、チキンゲームのナッシュ均衡では、プレイヤーAが「進む」を選び、プレイヤーBが「戻る」を選ぶか、プレイヤーAが「戻る」を選び、プレイヤーBが「進む」を選ぶ2つの戦略の組がナッシュ均衡となる。この均衡を実現するためには、両プレイヤーが話し合い、どちらのナッシュ均衡を選ぶか合意することが有効だ。ナッシュ均衡は、お互いのプレイヤーが相手の戦略に対して最適反応を取っているという性質があり、1人のプレイヤーが単独で別の戦略を取っても得にならないことが保証されるので、口約束で「**俺が『進む』を選ぶから、おまえは『戻る』を選んでくれ**」と合意ができれば、お互いのプレイヤーに合意を破るインセンティブは生じないからだ。

インカの黄金の初心者はしばしばこの構造を理解せず、「進む」「戻る」の選択をあたかもじゃんけんの手の選択のように、確率的にランダマイズし、自分の手を相手から隠そうとする。どこまでリスクが取れるかの度胸試しというゲームのデザインがこの傾向を助長しているように思うが、冷静にゲームの構造を分析すると、このようなプレイ方針が得策ではないことがわかる。「進む」か「戻る」かの選択を効率的に行うには、単にどれだけリスクを取るかを考えるだけではなく、誰がどういう利益を得るかについて細かく分析し、交渉をする形でお互いが選ぶ手を決めていく必要があるのだ。

第2章のまとめ

ゲームでは、自分の手だけではなく、相手の手によっても勝ち負けが変わる。

同時手番ゲームでは、すべてのプレイヤーが（相手の選択を見ず）いっせいに手を選ぶ。

相手の戦略（手の選び方）を固定すれば、ゲームはパズルと同じ。固定した相手の戦略に対する最善手を、最適反応と呼ぶ。

すべてのプレイヤーが相手の戦略に対して最適反応を取っているような戦略の組がナッシュ均衡になる。

ゲームの帰結を予想するには、考えている状況の利得表を書き起こし、ナッシュ均衡を求めるとよい。

Chapter 3

Conquering Chess Problems: Sequential Games with Perfect Information

第3章 詰将棋を攻略する ── 完全情報の動学ゲーム

第2章で分析したじゃんけんなどの同時手番ゲームでは、1手詰○×ゲームと同じく、プレイヤーが選択肢を選ぶ局面はただ一つしかなく、その唯一の局面で「せーの」で同時に選択をするだけで、ゲームの結果が決まった。ボードゲームなどでも、同時に選択肢を選ぶギミックはしばしば採用されている。またインカの黄金の分析で見たように、複雑なゲームの一部を抜き出すと、同時手番ゲームで分析できる局面もしばしばある。

しかしながら、現実にプレイされるボードゲームで「プレイヤーが一度に、そしていっせいに選択を行うだけ」ということはほとんどない。チェスも将棋もオセロも、プレイヤーは取った選択肢に沿って変化する局面に合わせ、さらなる選択肢を取っていく。ブラックジャック、キャントストップ、ポーカーなどのように、サイコロを転がしたり、手札を引く・山札をめくることにより、プレイヤーの選択ではなく、ランダムに局面が変化したりするギミックを取り入れたゲームも多数ある。同時手番ゲームとは異なり、「手番」の構造が入ったこのようなゲームのことを、ゲーム理論の用語で**動学ゲーム**と呼ぶ。

第3章では、動学ゲームの分析を行う。同時手番ゲームとの一番の違いは、「手番」の構造が入ってくることにより、「自分が今この選択肢を選ぶと、相手が後でどういう選択肢を選んでくるか」を判断する先読みが必要になってくることだ。「自分がこうすれば、相手がこう応じてきて、結果として自分は得をする・損をする」という、「詰将棋」のような先読みの考え方を習得することが、本章の目標となる。

3-1 動学ゲームとは何か

完全情報の動学ゲーム

本章で学ぶのは、**完全情報の動学ゲーム**という、動学ゲームの中ではもっともシンプルなクラスのゲームである。**完全情報**とは、各プレイヤーが、すべての選択を行うタイミングで、ゲーム内でなされたすべてのプレイヤーの選択や、**ランダムネス**の実現がわかるという仮定だ。ボードゲームにおいては、「各局面で行動を取るプレイヤーがただ1人であり、かつゲーム中に『特定のプレイヤーだけが見られる情報』が存在しない」という条件に相当する。この抽象的な定義ではわかりにくいと思うので、いくつかボードゲームの例を挙げよう。

たとえば将棋や囲碁などにはランダムネスの要素はなく、これまでに取られた選択肢は「棋譜」として表され、これまでお互いのプレイヤーがどの手を指してきたかはお互いのプレイヤーが把握できるので、完全情報ゲームといえる。

一方で、じゃんけんのように同時に選択肢を選ぶ構造が入っているボードゲームは、完全情報ではない。これは、「グー」、「チョキ」、「パー」の手を選ぶときに、相手が同じタイミングでどの手を選択したかがわからないためである。完全情報の仮定は、このような「相手がどの手を取ったかがわからない」、言い換えれば「選択を行った本人だけが、どの手を選んだかがわかり、他のプレイヤーはわからない」という状況を排除する。

また、ポーカーのように、他のプレイヤーから見えない「手札」が存在するゲームもすべて完全情報ゲームではない。手札はランダムに引かれるが、このランダムネスの実現、つまりあるプレイヤーがどのカードを引いたかは、他のプレイヤーには公開されない。つまり、手札は札を持っているプレイヤーだけからしか見えず、他のプレイヤーから観察できないので、完全情報ゲームの条件に反する。

ボードゲームの分類

こうした分類を踏まえて、いろいろなボードゲームが完全情報ゲームに含まれるかどうか、分類してみよう（表3-1）。

たとえばチェス、囲碁、将棋、オセロなどは完全情報ゲームの代表格だ。手札がなく、相手が指した手がすべて開示されるのみならず、そもそもゲームのルールにランダム性が一切ない。

ランダム性は存在するが、完全情報ゲームである例は、バックギャモン、カルカソンヌ、宝石の煌き、ラッキーナンバーなどだ。これらのゲームでは、サイコロを振る、山札をめ

表 3-1：完全情報ゲームと不完全情報ゲームの分類

	完全情報ゲーム	不完全情報ゲーム
ランダム性がない	チェス、囲碁、将棋、オセロなど	じゃんけん、指スマなど
ランダム性がある	バックギャモン、カルカソンヌ、宝石の煌き、ラッキーナンバーなど	インカの黄金、麻雀、ポーカー、花札、七並べ、セブンブリッジ、ナポレオン、コントラクトブリッジ、カタンの開拓者たち、ニムト、ドミニオンなど

くるなどのランダムな要素はあるが、手札は存在せず、ランダムネスの実現、つまりサイコロの出目やめくられた地図タイルなどは全プレイヤーが観察することができるため、完全情報ゲームである。

不完全情報ゲームの例は、前述のじゃんけんのほか、動学ゲームではインカの黄金が挙げられる。インカの黄金では、ゲームの途中で「現在どれだけ財宝（＝勝利点）を確保したか」は隠すルールとなっているが、誰かが財宝を取得した際にはその個数は数えることができるため、理論的には（つまりちゃんと覚えていれば）ゲーム中に手札に相当する情報はない。しかし、じゃんけんと同じく、同時に選択を行う場面が存在するため、完全情報ゲームではない。

　また、ボードゲームのほとんどは手札のような要素を含んでいるので、この型の不完全情報を例示するのは簡単だ。麻雀やポーカーのようなギャンブル系のゲーム、七並べやセブンブリッジのようなトランプゲーム、そしてカタンの開拓者たちやドミニオンなどの現代ボードゲームの大部分は不完全情報ゲームのクラスに属する。

　完全情報ゲームがボードゲームのデザインとして優れている点は、初心者に対してインストラクションをしながらゲームを遊ぶ際に、初心者の背後につく説明要員を用意する必要がなく、対戦相手がアドバイスするだけで事足りるということだ。たとえばポーカーなどでは、説明のために手札を相手に晒してしまうとゲーム性が崩壊するため、対戦しながら説明をすることはできない。初心者の多い集まりでボードゲームを遊ぶ際には、プレイしようとしているゲームが完全情報ゲームかどうかは意識しておいて損はない。

「先読み」を考える

　ゲーム理論の観点から見て、完全情報ゲームが「簡単」である理由は、理詰めの推論だけで各プレイヤーにとっての最善手をほぼ導出できるからである（ここで、「ほぼ」という但し書きをつけたのは、キングメーカー問題があるからだ。この点は後で説明する）。キャントストップのような、順々に意思決定を行っていくパズルと同じように、完全情報ゲームは後ろ向き帰納法を適切に応用していくことで、どういうプレイングが最善かを機械的に判定することができる。

3-2 「○×ゲーム」の分析

複数の手番○×ゲームの複雑さ

第1章では、○×ゲームの最終局面だけに注目し、「この局面の選択で、勝つか負けるかが決まる」という構造を人工的に作り出すことで、問題をゲームからパズルへと単純化して最善手を議論した。本節では、いよいよ○×ゲームの全体を見ていこう。

単一の手番（局面）しか考えない同時手番ゲーム、そして単一のプレイヤーしか考えない「1手詰」のパズルとは違い、動学ゲームでは、複数のプレイヤーが、複数の局面で、順々に選択を行っていく。分析する上では、この複合によって生まれる複雑さを意識しなければならない。

分析する対象が動学ゲームになったとしても、プレイヤーの関心は変わらない。最善手、すなわちどのような手を取れば利得を最大化できるかを追究することだ。ここでも、同時手番ゲームと同じように、「相手がどういう選択をしてくる（と思う）か」によって、最善

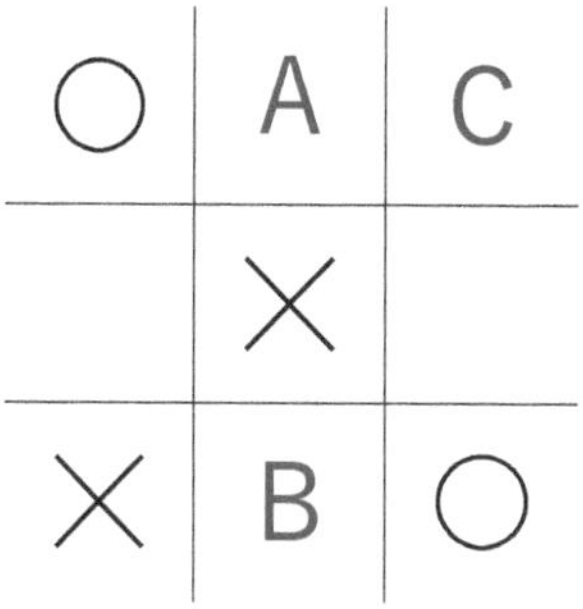

図3-1：○×ゲームの例①

手が異なることに注意が必要だ。

このことを理解するために、図3−1の盤面を初期局面とする○×ゲームを考えよう。

この局面では、先攻の○のプレイヤーが次にAを選択するのは悪手とみなされているのだが、それはいったいなぜだろうか？　○のプレイヤーがAを選択しても、×のプレイヤーの応手によっては○のプレイヤーの勝ちとなる。たとえば、×のプレイヤーが次にBを応手として選んだとすると、次に○のプレイヤーはCを選んで上1行がそろい、勝ちとなる。この場合、○のプレイヤーは勝っている、言い換えれば初期局面でAを選んだ手は勝ちに結びついているのだ。にもかかわらず、Aはなぜ悪手なのだろうか。

Aが正解とはいえないのは、A→B→Cと

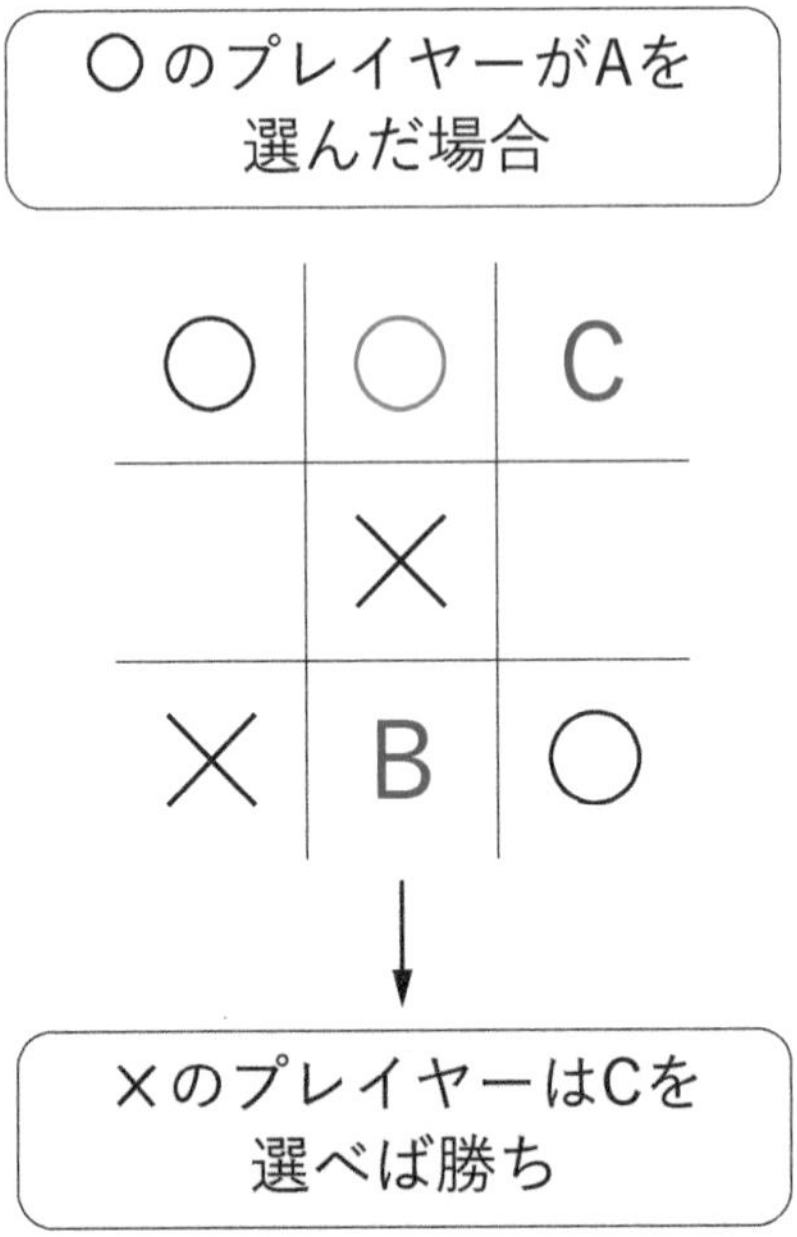

図3-2：○×ゲームの例②

いう流れが最善手の応酬とはいえないからだ。図3-2のように、○のプレイヤーがAを取った直後の局面を見て、×のプレイヤーの視点に立って考えてみると、Cを選べばその瞬間に勝ちである。言い換えれば、×のプレイヤーがこの局面で直面している問題は、戦略的駆け引きをまったく考慮する必要がない、ただの「1手詰」のパズルであり、第1章ですでに議論したパズルの解き方をもって最善手を定義することができる問題だ。もちろん、×にとっての（唯一の）最善手はCになる。したがって、×がBを選ぶのはこの局面における最善手ではない。囲碁の世界では、「×が（最善手ではない）Bを取ってくるだろう」というように推論することを、**勝手読み**と呼ぶ。

この例から得られる示唆を整理しよう。ま

ず、動学ゲームでも「相手がどういう選択をするか」を考えなければ、自分にとってのベストな選択が何かはわからない。これは同時手番ゲームのときに、「相手がグー・チョキ・パーのどれを出すと思うかによって最善の手（＝最適反応）が変わる」と説明したのと同じことだ。ただし、同時手番ゲームとは違い、戦略、すなわち「相手がどういう選択をするか」の定め方は注意深く考える必要がある。動学ゲームではプレイヤーは局面ごとに1つの選択肢を選んでいくので、動学ゲームでの戦略は、「この局面になったらこの選択肢を取る」という局面と選択肢の組（のリスト）として定義しなければならない。これは、第1章でソリティア・キャントストップに対して導入した戦略の考え方と同じである。

次に、単に最適反応、すなわち「相手がこうしてくるなら自分はこうすべき」という、相手の戦略を固定した分析に留まらず、「相手がどういう戦略を取ってくるか」まで勘案したほうが有益な分析ができることがある。勝手読みした相手の戦略に対する最適反応を考えるより、きちんと相手が読みを入れ、最善の戦略を取ってきた場合に対して最適反応を考えたほうがいいのは、○×ゲームの例で明らかだ。ただし、何が相手にとって最適なのかは、自分がどういう戦略を取るのかによるため、「何が最善か」という話については、もう少し深く検討する必要がある。

局面の評価と後ろ向き帰納法

第1章で紹介したソリティア・キャントストップのような局面が多数あるパズルと同様に、動学ゲームの解析でも、局面・評価値・後ろ向き帰納法の考え方が有効となる。考察の起点となるのは、**完全情報ゲームの最終局面は必ずパズルになる**ということである。○×ゲームでいえば、○のプレイヤーがAを取った後の局面は、×がCを取れば×の勝ちでゲームが終わる局面であり、「この局面で×がCを取れば勝ち」ということに○の戦略は一切かかわりがないので、この問題はパズルだ。この最終局面はパズルになるという法則は、すべての完全情報ゲームについて成り立つ。

パズルとなる最終局面での最善手、そしてその局面が「勝ち」か「負け」かは、我々はすでに知っている。これをもとに、最終局面1手前の局面で、「相手が最善を尽くした場合、このゲームの結果がどうなるか」がわかるわけだ。たとえば、先ほど考えた○×ゲームの初期局面でいえば、○のプレイヤーが負けを回避できるのはCを選んだ後の局面のみであり、他のどのマスを選んでも、次の×のプレイヤーの手番でCを選ばれて負けの局面となる。×のプレイヤーが1手詰というパズルで定義に曖昧さのない最善手を選ぶことを前提とすれば、○のプレイヤーの初期局面における問題は、「詰まない1手詰問題」に至る選択肢を見つけることになる。どの局面が「詰まない」、つまり「負けではない」かは、1手詰を解いてすでに求めているので、この「詰まない1手詰問題」を選ぶ問題はパズルだ。このパズルを解くことで、最終局面から2手さかのぼった局面にも、「勝ち」「負け」の評価を割り振ることができる。この作業は、ソリティア・キャントストップのようなパズルを解くのに使った方法と本質的にはまったく同じ、後ろ向き帰納法だ。

この推論を繰り返していくと、初期局面の評価（○の勝ちか×の勝ちか、あるいは引き分けか）、そして○の勝ちにできるならどの選択肢を取ればいいかを導出することができる。最初に示した初期局面の勝ち負けの決定をきちんと証明しようとするとやや工程が多くなるが、双方最善を尽くした場合○の勝ちになることが証明できる。ちなみに、2手目までの○と×の行動を固定しない、白紙の状態から○×ゲームをプレイすると、双方が最善を尽くした場合、引き分けになることが知られている。

3-3 「カウント・ゲーム」の分析

「カウント・ゲーム」のルール

カウント・ゲームは、「石取りゲーム」や「数取りゲーム」などの名前でも知られる単純なゲームだ。通常、2人のプレイヤーが交互に数字を数え上げていき、最後に10を言って

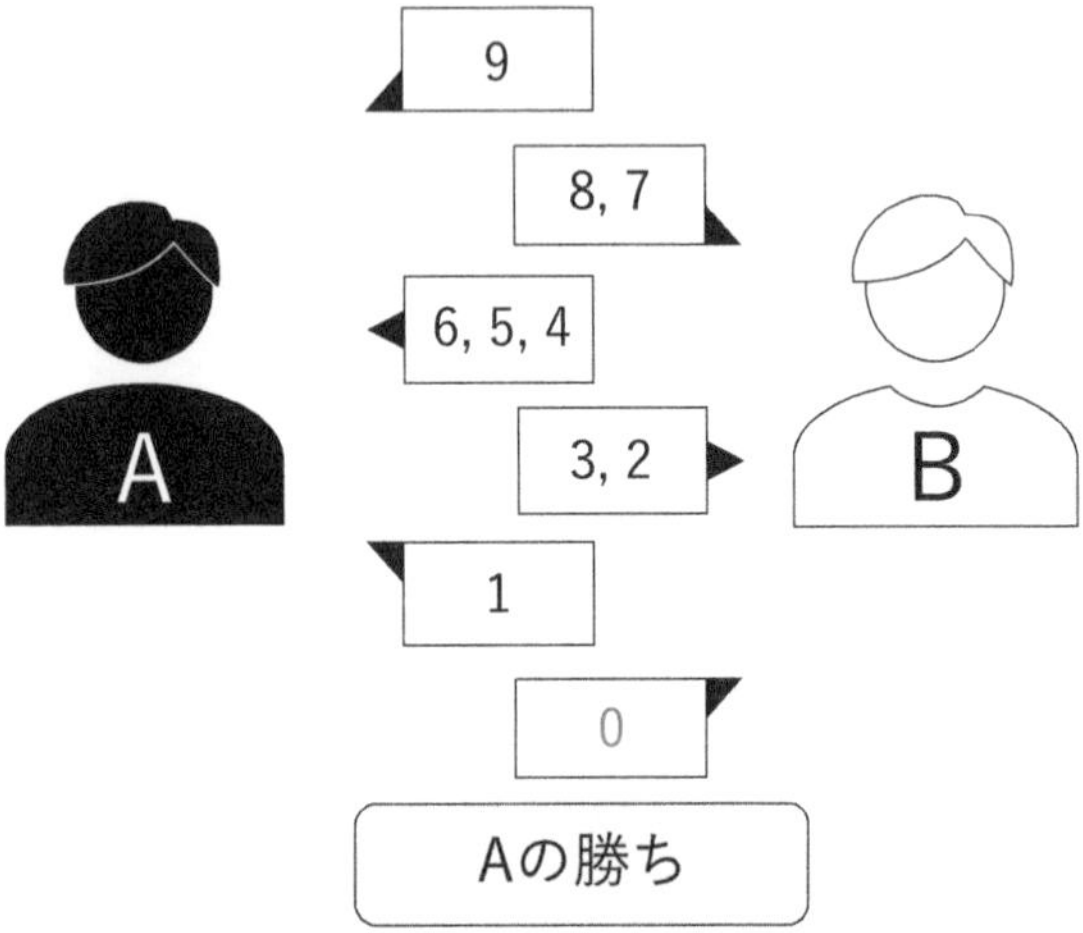

図3-3：カウント・ゲーム

しまったプレイヤーが負け、というものだ（30を言ったほうが負けとすることのほうが多いようだが、分析に変わりはない）。数えられる数は3つに設定されることが多い。たとえば、AとBという2人のプレイヤーがいて、ゲームがA「1」、B「2、3」、A「4、5、6」、B「7、8」、A「9」、B「10」と進んだ場合、最後に10を言ってしまったBの負けで、Aの勝ち、という具合である。

数字をカウントアップする形でゲームのルールが設定されることが通例だが、カウントダウンする形にしたほうが議論しやすいので、本書では「最初のプレイヤーは9を含む数字を宣言し、そこから徐々に数字を減らしていって、0を言ってしまったプレイヤーが負け」というルールで考えよう。典型的なゲームの進行は、図3-3のように、A「9」、B「8、7」、A「6、5、4」、B「3、2」、A「1」、B「0」という具合で、この場合は0を言ってしまったBの負けだ。こう変更してもゲームの性質は変わらない。

2人プレイ「カウント・ゲーム」の必勝法

プレイヤーの人数が2人のケースのカウント・ゲームに必勝法があることは非常に有名だ。よくある説明は以下のようなものだ。

相手に「0」を言わせれば勝ちということは、自分が「1」を言えば相手に「0」を言わせることを強制できるので、勝ちだということだ。「1」を言えるのは、自分が「1、2、3」のいずれかからカウントダウンする場合だ。1手さかのぼれば、相手が4からカウントダウンするとき、相手が「4」、「4、3」、「4、3、2」のいずれを選んでも、自分がカウントダウン開始する数字は「3」「2」「1」のいずれかとなるので、1を宣言してターン終了することができる。つまり、相手に4を言わせれば勝ちだ。ここから先は、元に戻って「相手に0を言わせれば勝ち」という起点と同じように議論を進めることができる。

結論として、カウント・ゲームには「**手番が来たら、4の倍数+1でカウントをやめることを続ければ必ず勝てる**」という必勝法がある。最初の数字は9であり、4の倍数+1

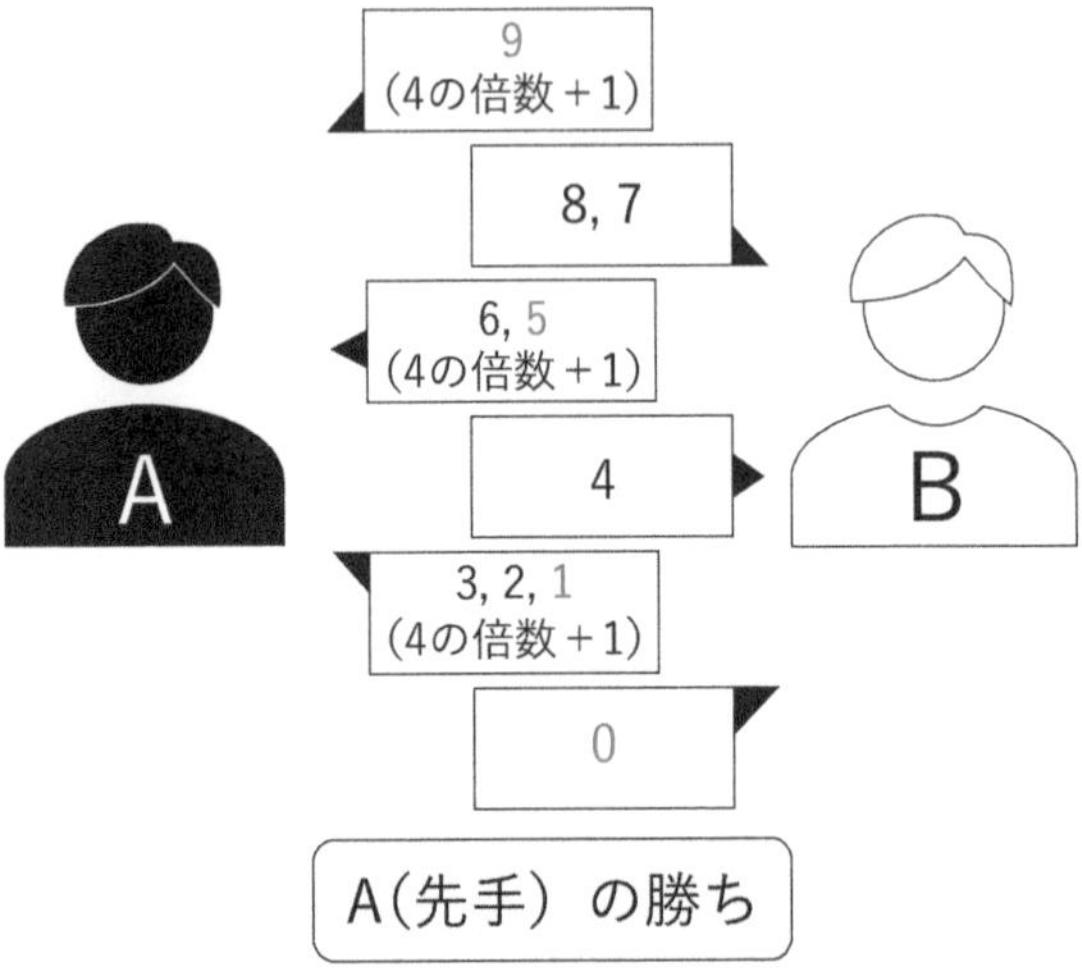

図3-4：カウント・ゲームの必勝法

なので、先手のプレイヤーはこの方針が実行可能だ。逆に、後手のプレイヤーは、相手が正しくプレイすれば、4の倍数である8からスタートさせられてしまうので、先手のプレイヤーが間違えない限り、どうプレイしても負けとなってしまう（図3-4）。

この考え方は、後ろ向き帰納法そのものだ。ルールとして勝ち・負けが規定されているゲームの最終局面（0を言ったプレイヤーが負け）からスタートし、その局面へ1手詰で至れる局面の勝敗を、まず分類する（1を言えるプレイヤーの勝ち、つまり3、2、1のいずれかから手番を開始するプレイヤーの勝ち）。以後は順にさかのぼっていって、自分が勝ちとなる局面を作る方法が1つもなければそのプレイヤーの負け（4から手番を開始すると、

「4」「4、3」「4、3、2」のいずれを選んでも相手に3、2、1のいずれかが渡ってしまい、必ず負ける)、1つでもあればそのプレイヤーの勝ち(7、6、5のいずれかから手番を開始すれば、適切に手を選ぶことで相手に必敗の4を渡すことができる)、という形で、すべての局面について(正しくプレイすれば)必勝となるか、必敗となるかを割り出せるのだ。

3人プレイのゲームへの拡張

一度、この後ろ向き帰納法の考え方をきちんと理解してしまえば、多少ゲームのルールが変わっても自分で必勝法を導くことが可能だ。その一例として、プレイヤーが3人となったケースを考えよう。ルールの拡張の仕方はいろいろ考えられるが、プレイヤーA→プレイヤーB→プレイヤーC→プレイヤーA……という具合に、決まった順番で手番が来ることとして考える。

プレイヤーの人数が3人になったので、単純に「勝ち」「負け」を決めるのではなく、0を言ってしまったプレイヤーの位置に応じて、3人のプレイヤーの間に順位をつけることにしよう。0を言ってしまった人が負け、すなわち3位であることはゲームの基本なので、あとは残りの2人のプレイヤーのどちらを1位とするかを決めればよい。3位のプレイヤーの直前に行動したプレイヤーが1位のルールと、3位のプレイヤーの直後に行動したプレイヤーが1位のルール、いずれも後ろ向き帰納法を使って必勝法（つまり自分の順位を最もよくするような最善のプレイング）を計算することができるが、具体的な必勝法の形はかなり異なる（「勝ち」「負け」以外の順位をつけない場合には、「どう行動しても勝ち」「どう行動しても負け」の人の行動が他の人の勝敗を左右してしまうケースがあるため、後ろ向き帰納法だけで必勝法を考察することはできなくなってしまう。これは、第5章で議論するキングメーカー問題の一種だ）。

3位の直前のプレイヤーが1位のルール

まず、3位のプレイヤーの直前のプレイヤーが1位、直後のプレイヤーが2位とするルールを考えよう。2人プレイの場合と同じく、手番が0から始まる場合は、もちろん自分の順位は3位で確定だ。

そこからさかのぼるにあたっては、直後のプレイヤーが何位になるなら自分は何位かを整理しておくとわかりやすい。3位のプレイヤーの前のプレイヤーが1位、その前のプレイヤーが2位となるので、次のプレイヤーが3位となるなら自分は1位、次のプレイヤーが1位となるなら自分は2位、次のプレイヤーが2位となるなら自分は3位になる。

各局面で、プレイヤーは自分の順位が一番よくなるように手を選んでいく。手番が3、2、1から始まる場合は、1をカウントしてやめ、次のプレイヤーに0を回すことで3位にさせ、自分は1位となれる。

手番が4から始まる場合には、自分が何を宣言しても、次のプレイヤーは3、2、1のいずれかからスタートすることとなり、1位となれることが約束されているので、自分は2位だ。手番が5から始まる場合には、5をカウントしてやめれば次の人は2位となり、4や3までカウントすれば次の人は1位となる。前者の場合、自分は3位であり、後者の場合、自分は2位だ。よって、手番が5から始まる場合には、2つか3つの数字をカウントし、2位を確保するのが最善手だ。手番が6から始まる場合も、同様で、6、5、4と数え、次の人の手番を3から始めさせて1位に押し上げ、自分は2位を確保するのがいい。

手番が7から始まる場合には、7だけ数えても、7、6や7、6、5と数えても、次のプレイヤーの手番は必ず、2位となる6、5、4のいずれかから始まる。ゆえに、自分が3位となることは絶対に避けられない。この状況は、手番が0から始まる場合は必ず負けてしまうのと同じだ。ここからは同じように分析を進めて、すべての局面での自分にとっての最善のプレイングと、最善の場合に何位になれるかを計算することができる。

整理すると、手番のときに回ってきた数字が7の倍数であれば何をやっても3位となってしまい、7の倍数＋1、2、3であれば、7の倍数になるまでカウントダウンして1位となり、7の倍数＋4、5、6であれば、7の倍数＋3までカウントダウンして2位を確保するのが最善のプレイングとその結果となる。

3位の直後のプレイヤーが1位のルール

では、3位のプレイヤーの直前のプレイヤーは2位、直後のプレイヤーが1位とするルールではどうだろうか？　後ろ向き帰納法を応用する手順はまったく同じだ。直後のプレイヤーが1位、2位、3位となる場合は、それぞれ自分の順位は3位、1位、2位となることを前提に、1手ずつさかのぼって各局面における勝敗を確認していけばよい。

手番が0から始まる場合には、3位となることが確定している。1から始まる場合は、1、0とカウントしてしまえば3位となるので、1だけをカウントし、直後のプレイヤーを3位として2位となるほかない。直後のプレイヤーに1から始まる手番を回せば、直後のプレイヤーは2位、すなわち自分は1位とすることができるので、4、3、2から手番が始まる場合には、すべて2までカウントするのが最善となる。5から手番が始まるプレイヤーは、直後のプレイヤーが1位になれる4、3、2のいずれかになることを回避できないため、3位にならざるを得ない。ここから先は、同様の議論の繰り返しになる。

整理すると、手番のときに回ってきた数字が5の倍数であれば何をやっても3位となってしまい、5の倍数＋1であれば、5の倍数までカウントダウンして2位の順位を確保するのが最善となり、5の倍数＋2、3、4であれば、5の倍数＋1までカウントダウンすれば1位となれる、というのが、最善のプレイングとその結果ということになる。

ルールが少々変わっても、分析のやり方も手間も変わらない。しかし、少しルールを変えるだけで分析の結果である必勝法は大きく変わってしまうことが、3人プレイのカウント・ゲームの例からよくわかるだろう。ましてや、未知のゲームのプレイングにはまったく参考にならない。しかし、必勝法の求め方である後ろ向き帰納法を会得すれば、非常に多様なゲームの勝ち方を自分で導くことができるのだ。

3-4 後ろ向き帰納法と神のプレイング

一般のゲームにおける後ろ向き帰納法による求解

○×ゲームに対して用いた後ろ向き帰納法の考え方は、詰将棋や詰碁に親しんだプレイヤーであれば、意識的に、あるいは無意識に自然と行っていることであり、ここまでの話を当たり前のこととして理解している読者も多いだろう。実際、詰将棋は後ろ向き帰納法の例として非常に適切で、筆者も将棋に親しみのある人にこの概念を説明する際にはしばしば詰将棋の例を使用する。

○×ゲームや詰将棋以外の一般の完全情報ゲームについても、似たような形で後ろ向き帰納法を使い、ゲームの帰結を予測することができる。ゲームが完全情報ゲームである限り、「あと1手で確実にゲームが終わる」という局面（詰将棋における1手詰に対応）は常にパズルとなり、他のプレイヤーの戦略を考慮する必要なく、自分の利得を最大化する手、すなわち最善手が定まる。これを前提とすれば、最終局面の1手前の局面もパズルに落ちる。ゲームのルールが、ゲームが無限に続く可能性を排除していれば、最終局面は必ず存在し、後ろ向き帰納法を適用することができる。

ゲーム理論の問題としては無限に続きうるゲームの分析は重要なトピックなのだが、ボードゲームを考察する際には、どのゲームもおおむね有限の時間で終わることが保証されると考えてよい。人間が娯楽に割ける時間は限られている以上、ボードゲームの設計にはゲームがどの程度の時間で終了するのか目安が立てられることが望まれる。仮にその目安がはっきり立てられなかったとしても、「ゲームが無限に続く可能性がある」という構造に強く依存したおもしろみを持つゲームは作りにくい。たとえば、カルカソンヌのように山札がすべて尽きたらゲームが終了となるゲームは、厳密にゲームが有限の局面しか持たず、後ろ向き帰納法が適用可能なことが保証されているゲームである。囲碁や将棋などは、同型反復の扱いについて若干のルールの不備があり、厳密にはゲームが無限に続く可能性を排除できていないが、これはあまり本質的ではないルールの微調整を行うことで解決可能であり、有限のゲームだと思って差し支えない。ゆえに、ボードゲームに限定すれば、完全情報のゲームのほぼすべてに対し、後ろ向き帰納法は有効なアプローチだ。

神々の対戦とツェルメロの定理

後ろ向き帰納法によって求められる戦略は、個々のプレイヤーにとって、「他のプレイヤーが最善を尽くすと思ったときに、自分がどういうプレイングをするべきか」を表す。一般に、自分が何をするべきかは、他のプレイヤーが何をするかに依存するため、ゲームの状況ではしばしばどの選択肢が最善かは一概には決められないが、有限の完全情報ゲームの場合、「最終局面は必ずパズルとなる」という性質をもとに終端の最善手を定め、そこからさかのぼっていくことで、すべての局面についての最善手が定義できるのだ。

全プレイヤーが、神のような、無限の計算能力を持つ主体であり、かつお互いがそのことを知っていた場合、後ろ向き帰納法によってプレイする戦略を決めるはずである。後ろ向き帰納法によって導かれる以外の戦略を取ったとすると、他のプレイヤーに「適切な応手（これも後ろ向き帰納法によって導かれる）」を取られるため、得をすることは決してないからだ。

チェス、囲碁、将棋などは、完全情報ゲームの中でも、プレイヤーが2人であり、かつゲームの最終結果は（勝敗がつかず無限にゲームが続いてしまう状況をルールの微調整によって除けば）勝ち・負け・引き分けの3種類となる。このようなクラスのゲームには必勝法、すなわち相手がどのような戦略を取ったとしても、自分がその戦略に従っていれば勝ちに至れるという戦略を考えられる。

実は、以下のような条件を満たす2人プレイゲームにはすべて、「先手に必勝の戦略がある」、「後手に必勝の戦略がある」、「双方に引き分け以上の結果を保証する戦略がある」のいずれかが成り立つことが知られている。

①　ゲームの結果が「先手の勝ち」「後手の勝ち」「引き分け」のいずれかしかない（ゼロサムゲームである）

②　ゲームの中に偶然の要素がない

③　ゲームが有限の局面しか持たない

④　完全情報ゲームである

このような性質を満たすゲームは、**二人零和有限確定完全情報ゲーム**と呼ばれる。そしてその必勝法は、後ろ向き帰納法によって発見することができるのだ。この定理は、発案者である数学者の名前をとって、**ツェルメロの定理**と呼ばれている。

上の条件①・②が外れた場合、結果が「勝ち」と「負け」だけではないので、「必勝」という言葉を使うのが妥当ではなかったり、先手勝ちか後手勝ちかが偶然の要素によってしまったりするなどして、後ろ向き帰納法と必勝法は直接には結びつかない。しかしながら、これらの条件が外れたとしても、後ろ向き帰納法は必勝法の拡張といえる戦略を導出するのだ。

3-5 後ろ向き帰納法の拡張

プレイヤーが異なる利得を持つ場合

ここまで題材として扱ってきた（2人プレイの）カウント・ゲームや○×ゲーム、チェス、囲碁、将棋などは、2人プレイヤーのゼロサムゲームであり、しかもゲームの帰結が「勝ち」、「負け」、「引き分け」のたかだか3つに分類されるという意味で、かなり特殊なゲームだ。完全情報ゲームに限定しても、プレイヤーが3人以上であるゲームや、利得が勝敗では表せず、順位や得点を最大化しようとするゲームもたくさんある。

2人プレイのゼロサムゲームでない場合に重要な点は、「自分の得は相手の損」という理屈を使って評価値を1次元に落とせないことだ。○×ゲームの例で示したように、ある局面が（双方最善を尽くした場合に）「詰む」ということは、先手が勝ちで後手が負けということである。利得が得点で表されるケース（ギャンブルのように、ゲームからの儲けの最大化を目指すケース）でも、自分の儲けは相手の損であるため、自分の儲けにマイナスをかければ相手の儲けとなる。つまり、後手の評価値は先手の評価値にマイナスをかけたもので表すことができる（先手は評価値を最大にするように行動し、後手は評価値を最小にするように行動すると思っても理屈は同じである）。

これに対して、プレイヤーの数が3人以上であるケースや、ゲームがゼロサムでないケースには、評価値は個々のプレイヤーごとに別々に設定する必要が出てくる。ゼロサムであってもプレイヤーが3人以上である場合には、プレイヤーAが得をしたとして、プレイヤーBとプレイヤーCのいずれがどれくらい損をしたかは定かではないし、ゼロサムでない場合はそもそもA以外のプレイヤーが損をしたか否かすら、定かではない。

このような状況でも、後ろ向き帰納法は問題なく適用することができる。ゲーム終了時における各プレイヤーの利得はルールによってわかるため、そこからさかのぼって、各局面で、各プレイヤーが見込める利得を評価値として別々に記録しておけばよい。このとき、評価値は1次元の値（スカラー）ではなく、多次元の値（ベクトル）となるが、各局面でプレイヤーが気にするのは自分の利得だけなので、後ろ向き帰納法の構造に本質的な違いは生じない。

ランダム性があるゲーム

バックギャモンやカルカソンヌのようにランダム性があっても、完全情報ゲームである限りは後ろ向き帰納法を使うことができる。これを行うためには、単にゲームが内包するランダム性を、事前に定められた確率で所定の行動を取るダミープレイヤーだと思うだけでよい。たとえば、ランダム性がコイン投げによるものであれば、ダミープレイヤーは確率1/2で「表」を選び、確率1/2で「裏」を選ぶとみなす。サイコロであれば、すべての出目を確率1/6で選ぶ。山札であれば、これまでにめくられていないカードの中から均等な確率で1枚を選ぶ、という具合である。これはパズルの状況で後ろ向き帰納法を使って評価値を定めていくときに用いたのと同じ方法だ。

ゲームの状況に後ろ向き帰納法を適用する際には、相手が最善手を取ってくる、すなわち相手自身の評価値を最大にするように選択を行うと予測した上で、自分にとっての最善手を考える形で推論を進めていたが、もし他のプレイヤーが別の戦略を取ると思った場合でも、自分にとってのどの戦略が最適かを考えることは可能だ。ランダム性がある場合は、本当のプレイヤーはプレイヤー自身にとっての最善手を取るように行動し、ダミープレイヤーは所定の確率でランダムに行動すると思って、自分の選択を最適化すると思えば、後ろ向き帰納法で（相手が最善を尽くすことを前提とした上で）勝率や得点の期待値を最大化するような戦略を導くことができる。

同時選択の処理

複数のプレイヤーが同時に選択を行うじゃんけんやインカの黄金などは完全情報ゲームではなく、単純に後ろ向き帰納法を適用することはできない。同時に選択が行われる場合には、ゲームはパズルに落ちないのだ。

このことはじゃんけんを考えてみるとよくわかる。じゃんけんはただ一つしか局面がなく、その状況下で全プレイヤーが同時に選択を行う、同時手番ゲームだ。動学ゲームは複数の手番・局面があることを許しているという意味で、同時手番ゲームも動学ゲームの一種とみなすことができる。しかし、じゃんけんは後ろ向き帰納法で解くことはできない。グー、チョキ、パーの選択は同時に行われるので、「ただ1人のプレイヤーが選択を行う、パズルとみなせるゲームの最終局面」は存在しないからだ。

しかし、単純な同時選択がいくらか入っただけの、あいこが起きた場合に再戦するじゃんけんや、インカの黄金のようなゲームは、不完全情報ゲームとはいっても完全情報ゲームに構造が近い。この場合は、同時手番ゲームに対する分析と、後ろ向き帰納法を組合せてやることにより、ゲームの帰結を予測することができる。

同時選択の局面が登場するゲームでも、そうではない局面も存在する。たとえば、インカの黄金では探索中のプレイヤーが1人になった場合がそうだ。まず、それらの局面にすべて後ろ向き帰納法を適用し、同時選択の直前の場面まで局面の評価値を定めてしまう。そうしておけば、同時選択の場面での局面は、「この選択肢の組が選ばれた場合、この評価値の局面に移る」というように、利得が評価値と置き換わっているが、同時手番ゲームとみなせる局面に落ちる。これは、後ろ向き帰納法を適用することにより、ゲームがパズルに落ちていくのと同じことだ。後は同時手番ゲームと同じくナッシュ均衡を導出し、このナッシュ均衡から得られる期待利得を、同時選択の局面の評価値としてしまえばよい（ただし、第2章で紹介したチキンゲームのように、ナッシュ均衡は複数ある場合があるので、完全情報ゲームの場合とは異なり、同時選択がある場合には後ろ向き帰納法は複数の異なる戦略の組を予測として生み出すことがある）。

序章や第2章で紹介した、インカの黄金に対する同時手番ゲーム的な分析には、実はすでにこの考え方を適用している。インカの黄金は動学ゲームであり、ゲーム全体の構造は同時手番ゲームとして表せない。しかし、ゲームが継続した場合の期待勝率を評価値として表してやれば、「残り2人となったプレイヤーたちが、いま『進む』か『戻る』かを同時に選ぶ」という局面は同時手番ゲームに落ち、ナッシュ均衡を考えて分析することができるのだ。

3-6 人間とAIがプレイする完全情報ゲーム

計算量：後ろ向き帰納法の弱点

後ろ向き帰納法は一定の条件が満たされていれば必勝法をもたらすし、そうでない場合も、ゲームの「答え」と言ってよい優秀な戦略を生み出す。つまり、後ろ向き帰納法とはゲームの解き方だ。ゲームの解き方はわかっているにもかかわらず、チェス、将棋、囲碁、オセロなど、多くのゲームは未だに解かれていない。これは単純に、これらのゲームに対して後ろ向き帰納法を適用すると莫大な量の計算が必要となってしまうためだ。

後ろ向き帰納法で必勝法を見つけるためには、ゲームの最終局面からさかのぼり、初期

表3-2：田中哲朗（2013）．ゲームの解決　数学, 第65巻第1号, 93-102. 表1より抜粋。弱解決とは、初期局面からの必勝法が明らかとなっていること、強解決とはすべての局面からの必勝法が明らかとなっていることを指す。

ゲーム名	局面数	解決状況
どうぶつしょうぎ	10^{8}	強解決
チェッカー	10^{20}	弱解決
オセロ	10^{28}	未解決
9×9囲碁	10^{38}	未解決
チェス	10^{47}	未解決
将棋	10^{62}～10^{69}	未解決
19×19囲碁	10^{169}	未解決

局面に到達するまで、ゲームの中で発生しうるありとあらゆる局面を評価しなければならない。ボードゲームに登場しうる局面は膨大だ。たとえばオセロの局面数は10の28乗、チェスは10の47乗、将棋は10の62乗から10の69乗、囲碁は10の169乗ほども局面があると見積もられている（表3-2）。複数の局面を同一視したり、局面の優劣の関係性をまとめたりするなどして、探索すべき局面を減らすことはできるが、それでも後ろ向き帰納法を適用するためには膨大な計算を行わなければならない。これらのゲームの必勝法が見つけられていないのは、後ろ向き帰納法を適用しようとするといつまで経っても計算が終わらないことが理由な

のだ。

後ろ向き帰納法という解き方が存在することは、ただちにゲームの必勝法が判明することにはつながらないし、仮に必勝法がわかったとしても、人間がその必勝法を暗記してその通りにプレイすることは不可能と言ってよい。人間や現代のコンピュータのように、複雑なゲームの完全解析を行うのに十分な計算能力を持たない主体は、後ろ向き帰納法でない別の手段を用いてゲームの分析に取り組むしかない。

評価と探索：強いゲームAIの作り方

完全解析はまだなされていなくとも、人間のトッププレイヤーに勝利するゲームＡＩを作成することに成功したボードゲームはいくつもある。チェスでは、１９９６年にはじめてコンピュータが世界チャンピオン（ガルリ・カスパロフ）に勝利した。将棋では、２０１３年にはじめてコンピュータがプロ棋士（佐藤慎一）に勝利し、囲碁では２０１６年にトッププロ（李世ドル）に勝利している。２０２３年現在では、いずれのゲームについても、ゲームＡＩは人間のプレイヤーが太刀打ちできないほど強くなったと言ってよい。

これらのゲームＡＩの基本的な構造は、人間のプレイヤーの思考にも通じる部分がある。ゲームＡＩの典型的な作り方の一つは、評価と探索をもとにしたものであり、この手法は後ろ向き帰納法を実行可能な形に落とし込むものに似ている。**評価関数**とは、個々の局面が、自分にとってどれくらい勝ちやすいかという指標（**評価値**）だ。後ろ向き帰納法を使ってある局面が「勝ち」か「負け」かを判定していく方法も、この評価関数を定める行為といえる。現実には、個々の局面が必勝か（相手が正しく手を選べば）必敗かはわからないが、有利そうか不利そうかを勝手に見積もることはできる。その見積もりが神の目から見て正しいかどうかはわからないが、見積もりが正しければ正しいほどそのゲームＡＩは強くなる。

評価関数を作るだけでも、ゲームのプレイは可能だ。いま目の前にある局面から、１つ選択肢を選べば次の局面へと進む。次の局面がどれくらい有利（とＡＩが思っている）かは評価関数によって与えられるので、一番評価値が高くなる手を選べばよい。人間がゲームをプレイするときでも、深くその後起きることを考えず、パッとどの手がよさそうかが思い浮かぶことはあるだろう。評価関数をもとに手を選ぶのは、そのような考え方だ。

評価関数は、局面の特徴をもとに適当な方法で設定される。たとえば将棋においては、駒の損得や駒の利き、玉形の固さ、成り駒・遊び駒の有無などをもとに、人間のプレイヤーは形勢判断を行っている。ゲームＡＩによる局面の評価も、人間のプレイヤーの形勢判断と理屈は同じだが、コンピュータは人間と思考の在り方が大きく異なるため、人間のプレイヤーには思いもよらない評価関数の作り方が有効であることも多い。古いＡＩでは、この評価関数を手作業で調整し、入力していた。近年では、外部から与えられたり、自己対戦によって生成されたりした棋譜（局面・その後のゲームの進行・勝敗に関するデータ）をもとに、よりよい評価関数を生成することで、より強いゲームＡＩが構築されるようになっている。

しかしながら、このような手の選び方では強いゲームＡＩは作れないことが多い。理由は単純に、単独で強いプレイングが達成できるほど優秀な評価関数を作ることが難しいからだ。後ろ向き帰納法で作った理想的な評価関数ではこの問題は生じない。すべての局面に「勝ち」、「負け」、「引き分け」のラベルが正しくつけられている状況では、「勝ち」の局面からは、「勝ち」の局面につながる手を選び続けているだけで勝利に至ることができ、評価関数だけを使ったプレイングでも必勝となる。しかし、棋譜からの推定によって作った評価関数は、理想的な評価関数と比べると不完全であり、それのみに従うととんでもない悪手を指す可能性が出てきてしまう。

これを補うため、ゲームＡＩでは典型的には、現在の局面の評価値だけをもとに手を決めるのではなく、数手読み進めた局面での評価値を参照するようになっている。これが**探索**だ。一般に、ゲームでは終盤に近づけば近づくほど、局面の有利・不利が判定しやすくなってゆく。このため、数手先にどういう局面になるか、その局面が自分にとって有利か否かを、評価値をもとに判定することにすれば、現在の局面から得られる評価値をそのまま参照するよりも正確な形勢判断ができるのだ。この数手先のありうる局面たちをもとに現在の局面の正確な評価値を得る過程は、後ろ向き帰納法によって最終局面からさかのぼって初期局面の評価をする方法を簡易化・高速化したものと見ることができる。

人間のプレイヤーも、局面の情報をもとに何となく有利・不利の評価を行っているほか、数手先の局面を読み進めてどの手が最善かを判断していることも多く、手の選び方はゲームAIに近いものがある。裏を返せば、ゲームを上達するためには、局面を正確に評価し、深く効率的に探索する技術を身につけることが肝要ということだ。

3-7 選択肢の多さの良し悪し

パズルでは手が広いほうが有利

必勝法や有効なヒューリスティクスの内容は、考えているパズルやゲームの具体的な構造に強く依存する。たとえば、チェスで勝つための基本的なコツである「コマの価値をもとにコマの交換の損得を評価する」、「コマが利いているマスが多いと有利」、「盤の中央にコマが展開されていると有利」というようなセオリーは、ルールが似ている将棋でもある程度有効だ。他方で、これらのセオリーは、ルールがまったく異なる囲碁やオセロに対しては何の役にも立たない。

裏を返せば、ボードゲーム間の類似度を適切に評価することで、セオリーは流用できる場合があるということだ。今プレイしているボードゲームのどういう特徴が、別のボードゲームのどういう側面と似ており、そしてその参考とするボードゲームではどのようなセオリーが有効とされているかを適切に把握できれば、初見のボードゲームに対しても即興で有効なヒューリスティクスを構築できる。本書で解説している、ボードゲームの特徴を抽象化・単純化したモデルで捉え、考察する方法は、このような類似性の発見に対して強みを発揮する。

別のゲームで有効だったヒューリスティクスを活用する上でもう一つ大事なのは、どのヒューリスティクスをどの程度一般化させることができるか、つまり幅広いゲームで役に立つかを考えることだ。チェスも将棋もコマの価値を評価し、損得の計算をするのが基本的なセオリーだ。「コマが利くマスの数が多いほど価値が高い」という傾向自体はチェスと将棋に共通しており、この傾向はチェスや将棋を含むチャトランガを起源とするすべてのボードゲームに共通すると考えてよいだろう（ただし、コマの正確な価値自体はゲームのルールの詳細に強く依存する。たとえば、似たような動きをする「ルーク」「ビショップ」と「飛車」「角」の価値を比べると、ルークとビショップの価値の差は、飛車と角の価値の差よりもかなり大きい)。

「利くマスが多い」をもう少し一般化させて考えよう。コマの利きとは、そのコマが移動できるマスのことであり、利くマスが多いコマを所持しているメリットは、「取れる選択肢の数が多い」ということである。この「取れる選択肢が多いと有利」というヒューリスティクスは、きわめて広範なパズルに対して有効で、ゲームをプレイする上でも有効なケースの多いセオリーだ。特に、オセロでは「打てるマスが多いプレイヤーが有利」は形勢判断の基本とみなされている。打てるマスが少ないプレイヤーは、打ちたくないマス(たとえば、相手に隅のマスを与えてしまうようなマス)に打つことを強いられてしまうからだ。

囲碁では「利き」という考え方がある。大雑把にいえば、「利き」とは、相手が(手を抜けば大損害になるので)応じざるを得ない手のことだ。たとえば、図3-5で示した局面では、黒がAと打てば、基本的に白はCと応じざるを得ない(黒にもう1手打たれてしまうと、白は大きな石のかたまりを取られてしまい、大損害となる)。つまり、黒は半ばいつでも「黒がAに打つ」→「白がCに打つ」の交換を強制できるということだ。

利き筋は複数同時に存在することもある。図3-5の局面では、黒にはもう一つ利きがあ

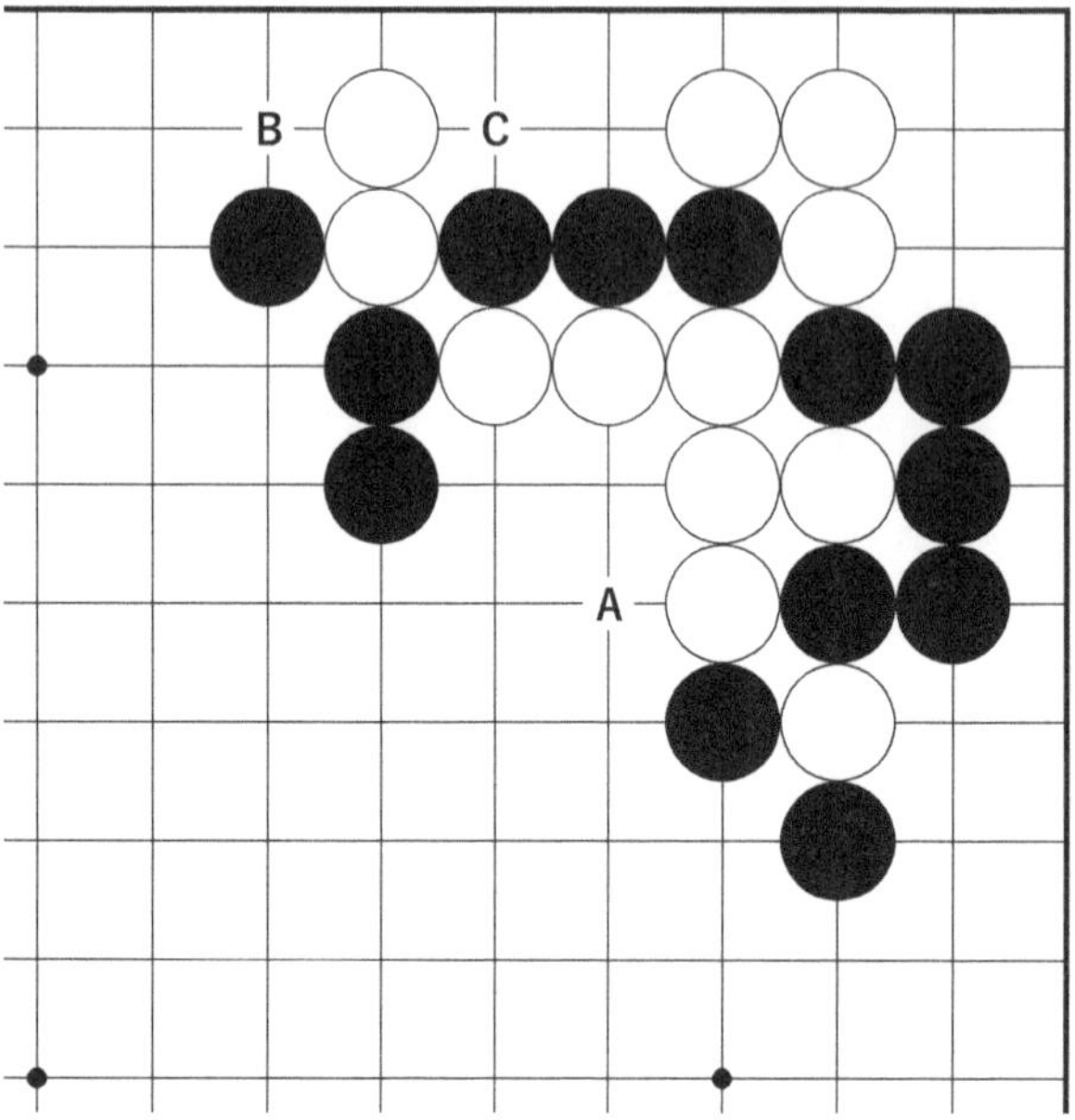

図 3-5：利き筋。依田紀基『依田ノート』（講談社）P.179-180 を参考に作成。

り、黒がBと打っても白はCと応じざるを得ない。おもしろいのは、黒はAとB、どちらか片方の利きしか使えないということだ。黒がAに打ち、白がCに打ってしまうと、黒がBに打っても白は応手を取る必要がなくなってしまう。特にこのような局面では、黒Aが利きであるからといって、黒Aと白Bの交換を早めに決めてしまうのは損だというのが、囲碁の基本的なセオリーの一つとされる。後々に振り返ってみると黒Bと白Cの交換にしたときのほうが得なことがありうるし、さらにいえば、「黒A、黒Bの双方の利きのいずれかが使える」という状況を活かして黒は有利を築くことができるからである。つまり、「利きを残し、活用する」という囲碁のセオリーも、「取れる選択肢が多いと有利」というパズルや

（多くの）ゲームに共通する普遍的なヒューリスティクスの系とみなすことができるのだ。「取れる選択肢が多いことは常に有利に働く」という特徴は、すべてのパズルに共通する普遍的な真理だ。増えた選択肢が損であるなら、単にそれを取らなければよいだけなので、パズルの場合には選択肢が増えることでプレイヤーが不利になることは絶対にない。選択肢の広さを意識しつつプレイすることは、多くのパズルにおいて実務的に有効なヒューリスティクスである。

コミットメント：ゲームでは手が広いと有利とは限らない

しかしながら、おもしろいことに、「手が広いほど有利」というすべてのパズルに通ずる超強力なヒューリスティクスは、ゲームに対しては常に有効とは限らない。この点は、パズルとゲームを対比するよいポイントとなっている。このことを確認するために、再びインカの黄金を見てみよう。

第2章で紹介したように、インカの黄金ではしばしば、探索を継続中のプレイヤー間で「進む」と「戻る」を示し合わせたほうがよい場面が登場する。どちらかといえば進みたいプレイヤーと、どちらかといえば戻りたいプレイヤーが分かれていれば交渉は簡単だが、そういう単純な局面ばかりではない。どちらのプレイヤーも「進む」を選びたいと思ってい

	進む	戻る
進む	0, 0	2, 1
戻る	1, 2	0, 0

自分が進み、相手が戻るのが最もよく、
相手が進み、自分が戻るのが次によく、
2人ともが進んだり戻ったりするのは最悪の結果。

プレイヤー1が「進む」
にコミットメント

	進む	戻る
進む	0, 0	2, 1

プレイヤー2の問題は「戻る」を選ばざるをえないパズルになる。

図3-6：インカの黄金とコミットメント

るが、2人同時に「進む」を選ぶと旨味が薄いので、相手が「進む」を選ぶなら自分は仕方なく「戻る」を選びたい、という局面も存在する。こういう局面の利得（評価値）を整理すると、図3-6のようになる。

各プレイヤーの利得は、自分が「進む」、相手が「戻る」を選んだときが一番大きい。それに比べると、自分が「戻る」、相手が「進む」を選んだ場合は旨味が小さいが、それでも協調には成功しているので、2番目に望ましい。自分も相手も「進む」、あるいは「戻る」を選んでしまうのは望ましくなく、得られる利得が小さい（2人ともが「進む」を選んだ場合と、「戻る」を選んだ場合の優劣はここでの議論では重要ではないので、適当に定めておく）。

この簡略化されたゲームのもとでは、（1）自分が進み、相手が戻る（2）自分が戻り、相手が進むの両方がナッシュ均衡となる。両プレイヤーが同時に選択を行う場合、どちらが進み、どちらが戻るかに必然性は生じない。しかし、この状況で、機先を制し、相手より先に自分が「進む、を選んだ！」と叫び、「進む」を選択したことを示すカードを伏せてしまったとしたらどうだろうか？　伏せた後は、自分が行った選択を変えていないことがわかるように、選択したカードを変更する素振りを見せてはならない（このような行為がルール上許されるかは微妙だが、たとえばボードゲームアリーナ上でのオンライン対戦では、プレイヤー間のチャットが許されているほか、どのプレイヤーが選択を終えているかの情報は開示されるため、同種の行為は実行可能だ）。

まず、本当は「戻る」を選んだのに、「進む」を選んだと偽るインセンティブはあるだろうか？　第2章で説明した通り、ここで考えている局面はじゃんけんのように相手の裏をかくべきではなく、相手と協調してお互いにどの手を選ぶか交渉すべき局面だ。嘘をついた結果、お互いが「進む」、あるいは「戻る」を選んでしまうのは双方にとって望ましくない。嘘をつくインセンティブがないことは相手から見ても明らかなので、「進む、を選んだ」と述べたあなたの言葉には信憑性がある（この議論をより確実にしたければ、選択カードは表にして出してもよいというハウスルールを考えてもよいだろう）。

では、自分が「進む」を選んだと相手も信じたとして、相手はどの選択を行うべきだろうか？　ゲームが継続したときの利得が正しく評価値として表されていることを前提とすれば、これから選択を行うプレイヤーは相手ただ1人であり、この局面はすでにパズルに落ちている。「進む」を選べば2人ともが「進む」ことになり、双方のプレイヤーが（特に重要なことに、相手が）損をする。したがって、相手は「戻る」を選ぶべきだ。このため、あなたは機先を制して「進む」を選び、そしてその選択を変更しないことを示すことによって、あなたが進み、相手が戻ることを確実にできるのだ。

1人のプレイヤー（自分）が先に選択を行い、その内容を見た後にもう1人のプレイヤー（相手）が選択を行うという状況はまさに動学ゲームの1つだ。後ろ向き帰納法でこのゲームで何かを考えると、まさに「先に動くプレイヤー(自分)は『進む』を選び、後に動くプレイヤー(相手)は、先に動くプレイヤーとは別の選択肢を選ぶ」という戦略の組が導かれる。

おもしろいのは、プレイヤーは先手で選択肢を狭める（「進む」しか取れない状況にする）ことにより、自分にとって一番理想的な、自分が進み、相手が戻るという選択の組を確実に実現させることができるということだ。一方で、選択肢を狭めなかった場合、自分は戻り、相手が進むという選択の組が生じることもありうる。パズルでは手の広さ、すなわち取れる選択肢が多いことは常に有利に働くが、相手が存在するゲームでは、先手で何らかの手を選んでしまったり、あるいは意図的に自分が取れる選択肢を狭めたりすることによって、相手の選択を誘導し、結果として得になる場合がある。このような、（利益を高めることを目的として）相手にわかる形で手を狭める行為を**コミットメント**と呼ぶ。

コミットメントの効果は熟練したボードゲーマーにも意外と意識されていないことが多い。これは、チェス、囲碁、将棋などの2人プレイのゼロサムゲームでは、パズルと同様にコミットメントを行う利益がないことが一因だろう。これらのゲームでは、自分の得は相手の損と一対一なので、選択肢を狭めることで相手の行動を自分に有利になるように誘導することはできないのだ。しかし、プレイヤーが3人以上でプレイする場合や、2人プレイであってもゼロサムでない場合（ただし、第5章で解説するように、こういう設計のボードゲームはあまり存在しない）には、コミットメントが有効なケースが生じうる。

コミットメントを行う上で重要なのは、自分が手を狭めたことを相手にしっかり周知することだ。自分が手を狭めたことが他のプレイヤーに知られていなければ、他のプレイヤーは行動を変えることはなく、他のプレイヤーが行動を変えないなら（パズルと同様に）手を狭める利益はまったく生じない。利益を得られるのは常に相手の行動を誘導し、変化させられる場合のみであることは、ボードゲームをプレイする上で実務的に役に立つ知見だ。

第3章のまとめ

- 動学ゲームでは、自分や他のプレイヤーが過去に行った選択を見ることができる場合がある。
- 特に、手札がなく、過去に行われた選択がすべて見られるゲームが完全情報の動学ゲーム。
- 完全情報の動学ゲームの最終局面はパズルと同じ。全員がパズルと同じ局面で最善手を選ぶとすれば、最終局面の1つ手前の局面もパズルと同じ。これを繰り返す後ろ向き帰納法で完全情報の動学ゲームの必勝法を得られる。
- ボードゲームの多くは局面の数が大きすぎて後ろ向き帰納法で必勝法を求めることはできない。しかし、「勝ちそうな局面」を判定する評価関数と組合せつつ、強いプレイングの考察や強いAIの構築に後ろ向き帰納法は活かされている。

Column

コラム2：経済学実験とその教育効果

経済学でよく行われるゲーム理論を使った社会の分析では、（大雑把にいえば）現実の問題をゲームとして抽象化し、そのゲームの帰結を数学的に予測して、結果の良し悪しを議論する。しかしながら、実は研究者たちの間でも、「ルールをもとに理論的にゲームを解析しても、現実世界では人間は理論どおりに動かないこともあるので、ゲーム理論の予測は正確ではないのではないか」という批判もなされてきた。これが、実際に被験者を集め、被験者にゲーム理論のゲームを実際にプレイさせて理論と現実の乖離を見出し、理論を発案・修正・改善することを目指す、**実験経済学**的アプローチの興りである。経済学実験は、研究の手法としても広く普及したほか、パイオニアであるダニエル・カーネマンとバーノン・スミスは２００２年にノーベル経済学賞を受賞している（厳密にいえば、実験経済学が検証の対象とするのは「ゲーム」に限らないのだが、詳細は省く）。

実験の被験者には、しばしば大学の学生がアルバイトとして雇われる。また、経済学実験という試みに対する解説の一環として、ゲーム理論の授業の中で学生を被験者とする経済学実験があちこちの大学で行われた。数多くの学生に対して繰り返し経済学実験が行われる中、おもしろい副次的な効果が発見された。教育に対する効果である。理論的な解析が難しいゲームでも、プレイヤーとして体験すると、ゲームのルール・構造と、プレイヤーがどういう心理に基づいて行動を取るかがよくわかるようになり、ルールと帰結に対して格段に理解を深めることができるのだ。これはまさに、コラム1で解説した授業・教科書で欠如しているプレイ経験の提供だ。

この教育効果は、教育者や学生が体感としてわかるほど大きなものであり、エビデンスも多数報告されている。今日では、ゲーム理論に対する理解度の向上を狙いとして、多くの大学で、教育目的で、経済学実験としてゲームを実際にプレイさせることがゲーム理論のアクティブ・ラーニングの一環として行われている。

残念ながら、経済学実験は講師抜きでは実施することはできず、また1人ではプレイすることができないので、独習には向かない。また、プレイしてもボードゲームほど楽しくはない。筆者がボードゲームに注目したのは、これらの経済学実験の弱点を補うためである。ボードゲームは友人さえいれば簡単にプレイできるし、昨今ではオンライン対戦で見知らぬ人と対戦することもでき、プレイへの敷居は低い。遊びとしてのゲームはプレイして楽しいように設計されているので、戦略的な駆け引きを楽しんで体験できる。そして、ゲーム理論がボードゲームの構造を理解するのに役に立つことについては、読者自身のプレイング技術の向上が動かぬ証拠としてあらわれる。体験を通じてゲーム理論に入門してもらうという本書の着想は、一見奇抜に見えるかもしれないが、実はむしろ世界のゲーム理論教育の潮流に乗った、王道のアプローチなのである。

Chapter 4

Deconstructing Poker: Games with Incomplete Information

第4章 ポーカーを解体する――不完備情報ゲーム

第3章までで考えていたゲームは、**完備情報ゲーム**、つまり私的情報（≒手札）のないゲームだった。手札がないとは、ゲームの全場面で、全プレイヤーから見えている情報が同じだということである。山札やサイコロの出目といった不確実な要素はあってもよいが、それが誰かには見え、誰かには見えないという場面は存在しない。このような完備情報ゲームの環境下では、「相手はこの局面になれば、この選択肢を選ぶ」という具合に、ゲームの先々で起きる相手のプレイングを（お互いが無限の計算能力を有していれば）正確に予測することが可能だ。

しかし、ボードゲームを考える上でも、社会問題を分析する上でも、現実には**私的情報**、すなわち「あるプレイヤーから見えて、あるプレイヤーからは見えない情報」が存在するゲームがほとんどだ。ボードゲームのデザインとしてこういうゲームが多いのは、戦略的駆け引きの要素を強めつつ、ランダム性を入れてゲームのマンネリ化を防ぐためには、手札を導入するのが有効だからであろう。

本章では、私的情報のあるゲームの分析の仕方を学ぶ。私的情報があるゲームの分析は難しい。各プレイヤーは、自分の手札は見られるものの、相手の手札を見ることはできない。たとえばテキサスホールデムであれば、自分の2枚の手札であるA（エース）とK（キング）は見られるが、相手がエース2枚を持っているか、AとQ（クイーン）を持っているか、それともまったく別の手札を持っているか、これらの情報は（直接には）まったく観察できないまま、選択を行わなければならない。相手から見えている局面がまったく異なることにも留意が必要だ。こちらがAとKを持っていることは相手には見えていないが、相手は自分からまったく見えていない2枚の手札を見た上で選択を行うのだ。同時選択があるだけのシンプルな不完全情報ゲームとは違い、簡単には後ろ向き帰納法が適用可能な形に落ちることはない。この問題を解決するための、「見えている情報をもとに、相手の手札を推測する」技術は、ゲーム理論の概念としても、ボードゲームのプレイングとしても、非常に有用なものだ。

4-1 「ミニポーカー1」の分析

「ミニポーカー1」のルール

まず、2人のプレイヤーが同時に一度選択を行ってゲームが終了するシンプルなゲーム、ミニポーカー1を考えよう。第2章で分析した同時手番ゲームだが、これまでとは違い、プレイヤーたちには手札がある。ポーカーを模してトランプを使うこととし、プレイヤーたちにはA・K・Q・Jの4枚から1枚が配られることにしよう。本当なら、A・K・Q・Jは各4枚ずつしかなく、自分がAを引いたかどうかで相手がAを引きそうかどうかの予想（事後確率）は変化するが、ここでは話を単純化するため、各プレイヤーのカードは別々の山札から引かれると思い、両プレイヤーの手札は独立に確率1/4で引かれると考える。

プレイヤーたちはまず強制的にアンティ（賭け金）としてチップ1枚を賭けさせられる。各プレイヤーは、自分の手札は見られるが、相手の手札は見られない。自分の手札を見た後に、各プレイヤーは「レイズ」か「フォールド」を同時に選択する。2人ともがフォールドを選択した場合は引き分けとなり、チップのやりとりは行われない。片方がレイズ、片方がフォールドを選択した場合は、手札にかかわらずレイズを選択したほうの勝ちとなり、アンティの分であるチップ1枚を相手から奪うことができる。2人ともがレイズを選択し

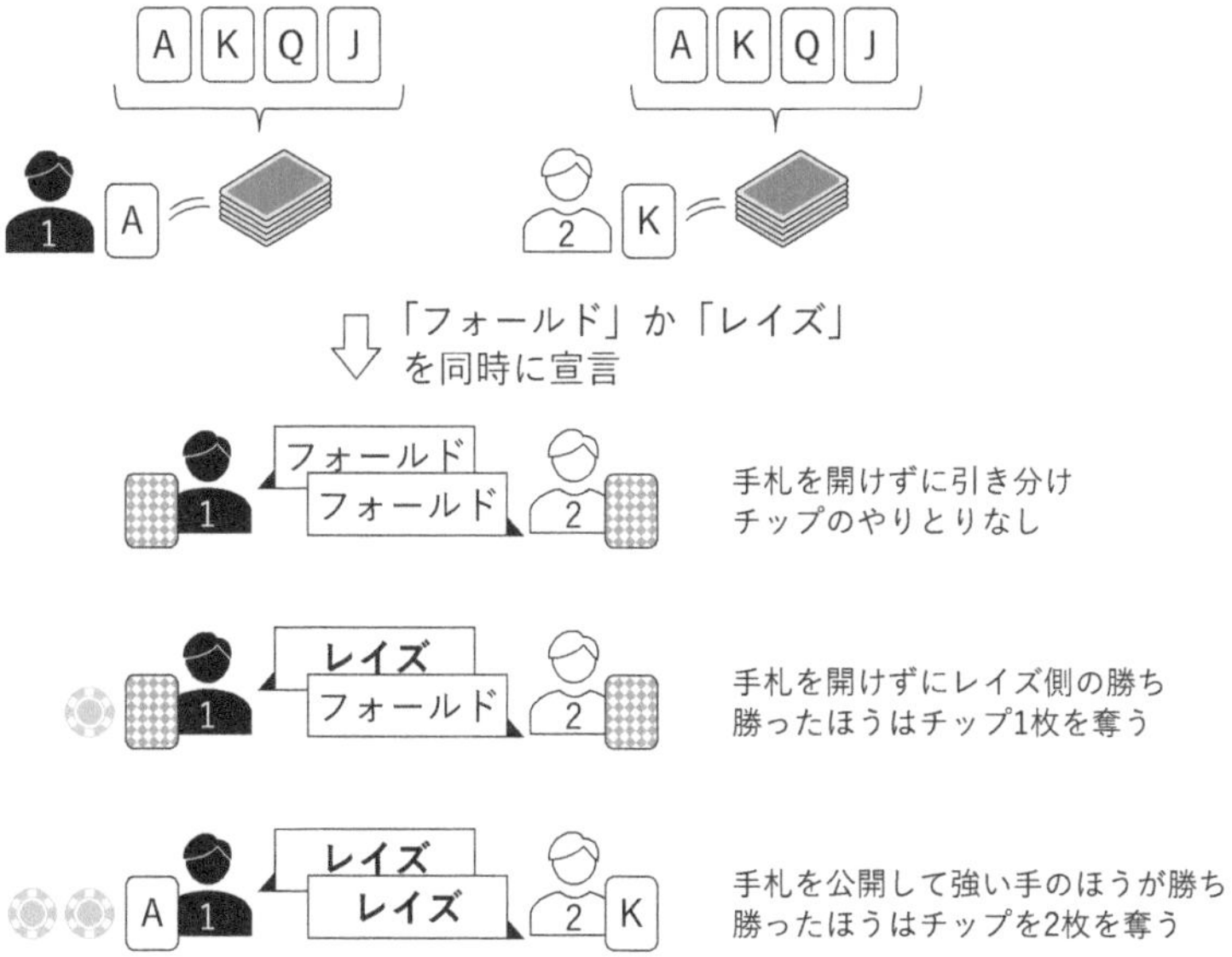
A K Q J
A K Q J
1 A
2 K
「フォールド」か「レイズ」を同時に宣言
フォールド
フォールド
手札を開けずに引き分け
チップのやりとりなし
レイズ
フォールド
手札を開けずにレイズ側の勝ち
勝ったほうはチップ1枚を奪う
A 1
レイズ
レイズ
2 K
手札を公開して強い手のほうが勝ち
勝ったほうはチップを2枚を奪う

図4-1：ミニポーカー1のルール

た場合は、チップを1枚上乗せした状態でショーダウン（手札を公開し、強い手のほうが勝ち）だ。カードの強さはポーカーと同じくA→K→Q→Jの順で、強い手札を持っているほうが勝ってチップ2枚を相手から奪い、引き分けの場合にはチップのやりとりは行われない（図4-1）。

もし手札が見えているなら、帰結はとても簡単だ。A対AやA対Kなどの引き分け以上の状態であればレイズし、そうでなければフォールドを選べばよい。しかし、プレイヤーは自分の手札しか見えていない。このため、自分がどの選択肢を選ぶかは、自分の手札によってしか決められないのだ。

戦略と最適反応

各プレイヤーは、自分が見えている情報をもとにどの選択肢を選ぶかを調整できる。通常のポーカーをプレイしていても、手札が強ければ攻め、手札が弱ければ降りたいだろう。テキサスホールデムなどのように、場札（コミュニティカード）もあるゲームでは、もちろんそこで開示されている情報も見つつ選択を行うわけだ。数学的にいえば、戦略とは「自分にとっての局面＝自分から見えている情報」を「自分が選ぶ選択肢」に移す関数として定義される。ここでは、戦略とはA・K・Q・Jのそれぞれの手札を持っているときに、レイズとフォールドのどちらを選ぶかの計画表となる。グー・チョキ・パーのどの手を選ぶかを決めるだけだったじゃんけんとは異なり、このミニポーカー1では、「どの手札を引いたらどの選択肢を選ぶか」を決めなければならないのだ。

では、最適反応はどう考えればよいだろうか？　自分が各選択肢を取ったときの利得は、**（1）自分の手札、（2）自分の選択肢、（3）相手の手札、（4）相手の選択肢、**の4項目によって決まる。ポイントは、「相手がこういう戦略を取ってくる」という予想をしてしまえば、相手の手札と相手の戦略から相手の選択肢は定まることだ。相手の手札がどういう確率で引かれるかはわかっている（A・K・Q・Jが均等な確率で引かれる）ため、相手の選択肢がどういう確率で取られるかもわかる。相手の手札と選択肢の確率分布がわかってしまえば、自分がどの選択肢を取るとどれだけの期待利得が得られるかが評価でき、最善手、すなわち相手の戦略に対する最適反応が計算できるというわけだ。

ナッシュ均衡

このミニポーカー1では、「**A・Kを引いたときはレイズし、Q・Jを引いたときはフォールドする**」という戦略の組がナッシュ均衡となる。このことを確認してみよう。ナッシュ均衡かどうかをチェックするためには、本来なら、たとえば「常にフォールドする」や「A・Kを引いたときはフォールドし、Q・Jを引いたときはレイズする」など、別のどんな戦略を選んでももっと得ができないことを示さなければならないのだが、Aを引いた場合にレイズしたほうがよさそうなことや、Jを引いた場合にフォールドしたほうがよさそうなことはより簡単に示せるので、ここでは「Kを引いたときはレイズしたほうがよい」ことと「Qを引いたときはフォールドしたほうがよい」ことを示すのにとどめよう（ただし、いずれの結論も、相手が「A・Kを引いたときはレイズし、Q・Jを引いたときはフォールドする」という戦略を取っていることが前提となっていることに気をつけてほしい）。

自分がどういう選択肢を選ぶかと、相手がどういう戦略を取っているかは無関係だ。ゆ

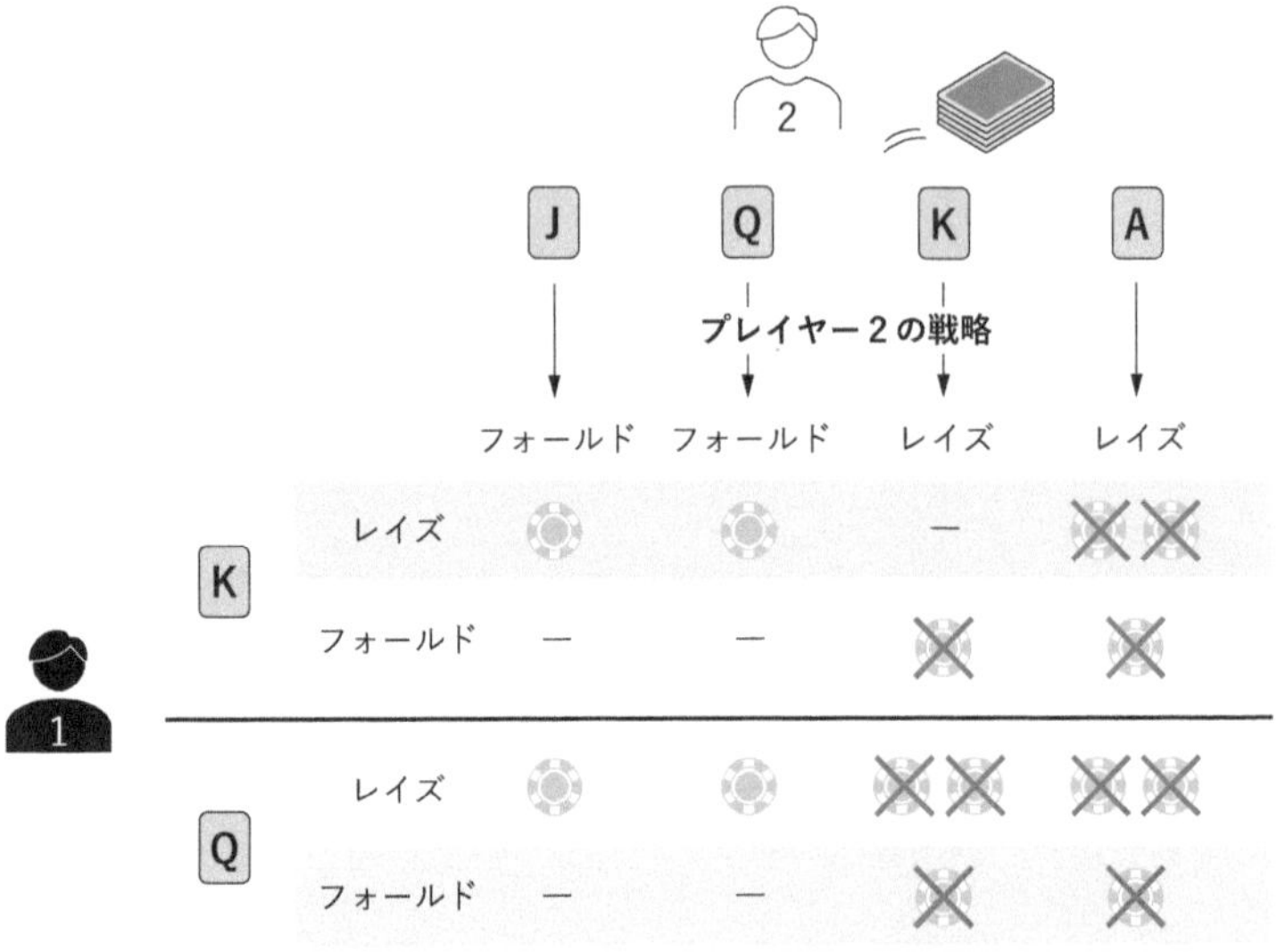

図4-2：K・Qを引いたとき、プレイヤー1は何をすべきか？

えに、分析の途中、相手は常に「A・Kを引いたときはレイズし、Q・Jを引いたときはフォールドする」ことを意識しておかなければならない。Kを引いたときに（もともと指定された戦略通りに）レイズすると、相手がAのときはレイズされて負け（−2）、Kのときはレイズされて引き分け（0）、相手がQ・Jのときはフォールドされて勝ち（+1）となるため、期待利得はちょうど0だ。Kを引いたときにフォールドすると、相手がA・Kのときはレイズされて負け（−1）であり、相手がQ・Jのときはフォールドされて引き分け（0）となるため、期待利得は $-\frac{1}{2}$ となる。したがって、元の戦略に従ったほうがKを引いた場合は得だ（図4-2）。

Qを引いたときに（元の戦略通りに）フォー

ルドすると、Kを引いたときにフォールドしたのと同じく、期待利得は $-\frac{1}{2}$ だ。これはフォールドするときは手札を確認されないためだ。逆に、レイズを選ぶと、相手がA・Kのときはレイズされて負け（-2）となり、Q・Jのときはフォールドされて勝ち（$+1$）となる。期待利得はフォールドしたときと同じく $-\frac{1}{2}$ となり、レイズしても得になっていない。ゆえに、フォールドするのは最適反応の1つとなっている。

同時手番ゲームや動学ゲームと同じように、相手の戦略を固定すると、自分の最適反応を計算する問題はただのパズルに落ちていることに注意してほしい。戦略をすべての局面で何を行うかの計画表として定義する意義は、他のプレイヤーの動き方の想定を固めることで、自分がどの選択肢を選ぶべきかを導出可能にすることにあるのだ。

4-2 「ミニポーカー2」の分析

「ポーカー」のもう1つの難しさ

ミニポーカー1では、手番は1つだけであり、動学ゲームのように次々に局面が変わることはなかった。手札があり、しかも順番に行動するゲームでは、完備情報の動学ゲームにはなかった新しい要素が発生する。それは、**相手のプレイヤーが選ぶ選択肢から相手の**

手札を推測するというゲームの構造だ。

ミニポーカー1で見たように、プレイヤーは手札に応じて行動を変える場合がある。裏を返せば、プレイヤーの行動を見ることによって、裏にどのような手札があるかを推測することができる。ミニポーカー1では手番は1回しかなかったので、この推測を活かす場面はなかったが、通常のポーカーなどでは複数のラウンドにわたってベット（賭け金のアップ）を行えるなど、動学ゲームとして手番の構造が入っているため、後半のプレイでは前半のプレイで相手の選択から得た追加情報は積極的に活用するべきだ。もちろん、相手に情報を明かすことを避けるために、あえて手札によって行動を変えないという選択肢も出てくる。

「ミニポーカー2」のルール

「相手の行動から手札を推測してプレイする」という要素に注目するために、またポーカーを簡略化したゲームを考えよう（図4-3）。このゲームでは、プレイヤー1とプレイヤー2は非対称な役割を持つ。まずプレイヤー1はAかKかのいずれかのカードを等確率で引く。その後、プレイヤー1は「レイズ」か「フォールド」のいずれかを宣言する。この宣言を見た後に、プレイヤー2は「コール」か「フォールド」を選択する。

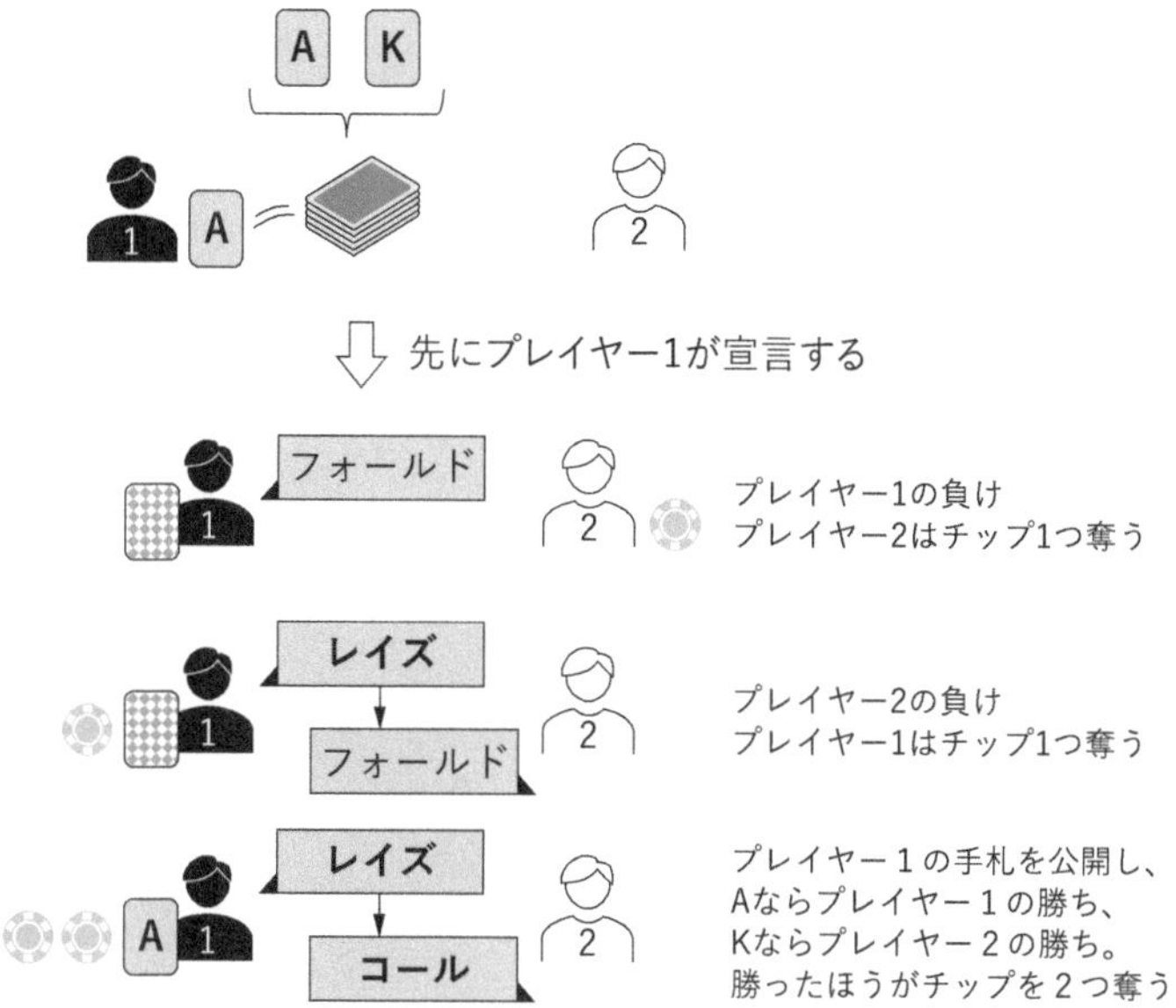
A
K
1
A
2
先にプレイヤー1が宣言する
フォールド
1
2
プレイヤー1の負け
プレイヤー2はチップ1つ奪う
レイズ
1
フォールド
2
プレイヤー2の負け
プレイヤー1はチップ1つ奪う
レイズ
A
1
コール
2
プレイヤー１の手札を公開し、
Aならプレイヤー１の勝ち、
Kならプレイヤー２の勝ち。
勝ったほうがチップを２つ奪う

図 4-3：ミニポーカー2 のルール

プレイヤー1がフォールドを選べば、その時点でプレイヤー1はアンティとして賭けるチップ1枚を支払う。プレイヤー1がレイズを選んだ後、プレイヤー2がフォールドを選べば、同様にプレイヤー2はチップ1枚を支払う。プレイヤー2がコールした場合、プレイヤー1のカードが明かされ、Aだった場合はプレイヤー1が勝ってチップ2枚を奪い、Kだった場合は逆にプレイヤー2がチップ2枚を奪う、という利得構造だ。

通常のポーカーと同じく、後手のプレイヤー（プレイヤー2）は先手のプレイヤー（プレイヤー1）の動きを見て、手札の内容を推測する。そして、プレイヤー1が本当にAを持っている確率を見積もり、コールしたほうが得か、フォールドしたほうが得かを選ぶのだ。

ベイズの定理と事後確率

図4-4は、プレイヤー1の戦略は、どの手札ならどういう選択を行うかを定めた計画表だ。これが与えられれば、プレイヤー1の選択をもとに、プレイヤー1の手札を推測することができる。特にこのゲームでは、プレイヤー1がフォールドを選んだ場合はその瞬間にゲームは終わるので、レイズを選んだときだけを考えればよい。

一番シンプルなケースとして、たとえばプレイヤー1がAを引いたときは必ずレイズし、Kを引いたときは必ずフォールドを選ぶという戦略を取っていたとする。このとき、「レイズを選んだ」ということと「手札がAである」ということは一対一の対応関係にある。したがって、プレイヤー2はレイズを見た瞬間に手札がAであることを察知し、フォールドを選ぶべきだ。

ではもう少し複雑なケースとして、プレイヤー1がAを引いたときは必ずレイズするが、Kを引いたときは確率1/2でフォールドを選ぶ場合はどうだろうか？　この場合、Aのときも Kのときもレイズは選ばれるので、前のケースほどプレイヤー1の手札の推測は簡単ではない。しかし、AとKは等確率で引かれた上で、Aを引いたときは必ずレイズされ、Kを引いたときはさらに半分の確率でしかレイズされないことを考えると、「プレイヤー1の手札はAであるという目が強い」という推測ができることはわかるだろう。きちんと計算

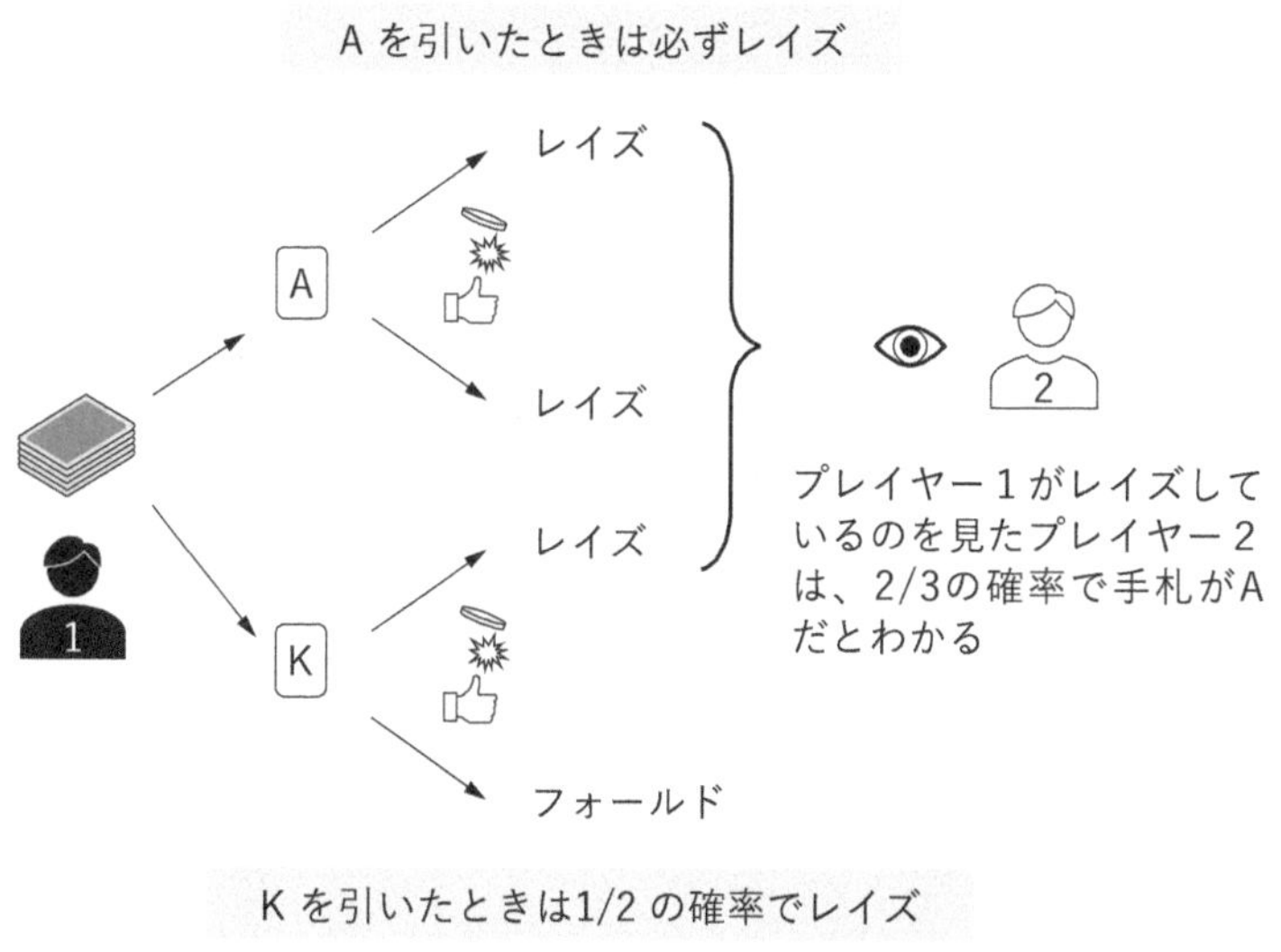
Aを引いたときは必ずレイズ
レイズ
A
レイズ
レイズ
K
フォールド
2
1
プレイヤー1がレイズしているのを見たプレイヤー2は、2/3の確率で手札がAだとわかる
Kを引いたときは1/2の確率でレイズ

図4-4：ベイズの定理による手札の推定

すると、手札がAとKである確率が2：1となることから、「レイズ」を観察した上でプレイヤー1の手札がAである確率は2/3、Kである確率は1/3と導ける。

もう少し一般的な文脈で考えると、我々は「X（＝レイズ）が起きた」というイベントを観察したもとで、「Y（＝手札がA）が起きた」確率を求めようとしている。この、「Xが起きたときにYが起きている確率」のことを、Xが与えられたときのYの**事後確率**と呼ぶ。事後確率は**ベイズの定理**を使って計算することができる。理屈としては、前段落で行ったように、Xが起きていることを前提とした上で、Yが起きている確率と起きていない確率の比を計算し、それを確率に直す処理を行う。これを実行するためには、分母に「Xが起きる（事前）確率」を持ってきて、分子に「XとYの両方が起きる（事前）確率」を持ってくればよい。

ベイズの定理は、式の形としては抽象的で、確率論の入門授業などでもつまずく人も多いが、背後にある理屈は難しくなく、それでいて得られる知見は非常に重要だ。ボードゲームの手札読みのような娯楽に生きるだけではなく、さまざまな場面で便利な技術なので、ぜひ親しんでもらいたい。

ブラフの匙加減

今までと同様に、相手の戦略を定め、そこから生成される相手の手札に対する予想（ゲーム理論の用語では**信念**と呼ぶ）を立てれば、ゲームはパズルに落ち、どの手が最善手、すなわち最適反応かを考えることができる。

ゲームが複雑なので、順を追って考えよう。まず、プレイヤー1がAを引いたときにレイズすべきなのは明らかである。フォールドされたらチップ1枚が手に入るし、コールされても実際に手が入っているので、チップ2枚が手に入る。いい手が入っているのにフォールドする理由がない。ここからは、プレイヤー1はAを引いた場合は必ずレイズするということを前提に話を進める。プレイヤー1が悩まなければならないのは、コールされたら負ける札であるKを引いたときにどれくらいの確率でレイズするか、すなわち**ブラフ**を行うかだ。

　このゲームはじゃんけんと同じくゼロサムゲームであり、お互いのプレイヤーが相手の裏をかきたいと思っている構造だ。プレイヤー2がコールしてくると思えば、プレイヤー1はKを引いたときはフォールドしたいし、プレイヤー2がフォールドしてくると思えば、プレイヤー1はKを引いたときもレイズしたい。プレイヤー2から見たインセンティブはこれの真逆だ。このようなケースでは、均衡となる戦略はお互いにお互いの手をランダマイズするものとなる。プレイヤー1はときにはKを引いたときもブラフをかけてレイズし、プレイヤー2はときにはブラフであることを疑ってコールする、という具合だ。

ミニポーカー2のナッシュ均衡

　導出の詳細は省くが、均衡では、プレイヤー1は「Kを引いたときは1/3の確率でレイズし、2/3の確率でフォールドする」という戦略を取り、プレイヤー2は「2/3の確率でコールし、1/3の確率でフォールドする」という戦略を取る。

　まず、プレイヤー1のインセンティブを考えよう。Kを引いたとき、レイズすると、2/3の確率でコールされて負け（−2）、1/3の確率でフォールドされて勝ち（＋1）だ。つまり、レイズすると利得の期待値は-1となる。これは、Kを引いたときにフォールドすると得られる利得である-1と同じだ。したがって、プレイヤー2が確率$\frac{2}{3}$でコールするならば、プレイヤー1はKを引いたとき、レイズとフォールドの（期待）利得が同じになっている。

プレイヤー2のインセンティブを考えよう。まず、ベイズの定理を使ってレイズされたときに手札がAである確率を推定すると、「Aを引き、かつレイズする」確率は$\frac{1}{2}$である一方で、「Kを引き、かつレイズする」確率は$\frac{1}{2}\times\frac{1}{3}=\frac{1}{6}$だ。したがって、レイズされたことを前提とすると、手札がAである確率は$\left(\frac{1}{2}\right)\div\left(\frac{1}{2}+\frac{1}{6}\right)=\frac{3}{4}$となる。したがって、コールしたときは確率$\frac{3}{4}$で負け（$-2$）、確率$\frac{1}{4}$で勝ち（$+2$）となり、利得の期待値は$-1$となる。これは、フォールドしたときの利得である$-1$と同じだ。したがって、プレイヤー1がKを引いたときに確率$\frac{1}{3}$でレイズするなら、プレイヤー2はコールとフォールドの（期待）利得が同じになっている。

プレイヤー1も2も、2つの選択肢から得られる利得の期待値が同じなので、取っている戦略は最適反応の1つであり、示した戦略の組がナッシュ均衡の1つであることが確認できた。ランダムに選択肢を選び、相手に得な選択肢を与えないようにする（=2つの選択肢から得られる利得を同じにする）構造は、じゃんけんで求めた均衡と同じ構造だ。

ブラフの隠れた効果

もちろん、通常のポーカーでは複数の手番があり、相手の手札に関する複雑な情報を得られるし、事前の意味ではさほど強くない手札であっても、フラッシュやストレートの目があって後に強い手に化けることもあるので、ベットを巡る戦略的駆け引きはさらに難しい。しかし、ミニポーカー2の分析は、一見見落としがちなブラフの隠れた効果を明らかにしている。

「ブラフは相手を降ろすためのもの」という直接的な効果はわかりやすい。相手がフォールドしてくれるなら、自分の手が真に強いかどうかは関係がなく、チップをせしめることができる。自分の手が悪いにもかかわらず、賭け金を奪うことができたという事実関係は、プレイヤーの目から見て明らかなので、これがブラフの唯一の効能だと理解しているプレイヤーも多いだろう。

ブラフの隠れた効果とは、**相手にブラフを疑わせて勝負させる頻度を高め、いい手を引いたときに奪えるチップを増やすこと**だ。こちらの効果は、ブラフを行うのが悪い手を引いたときなのに対し、収益を得るのはいい手を引いたときなので、一見見落とされがちだ。しかし、単純なミニポーカー2を見ると、この効果が存在することが明瞭になっている。ミニポーカー2でブラフを行わなかった場合、対戦相手であるプレイヤー2から見て、

「レイズ＝手札はA」という構図が成立し、レイズを見るなりフォールドされてしまうので、手札がAのときにチップ2枚をせしめることができない。しかし、Kを引いたときにも一定以上の確率でレイズを行うなら、対戦相手はブラフの可能性を疑い、コールを選んでくるようになる。この効果により、いい手（A）を持っているときの収益性が高まっているのだ。

特にオンラインでポーカーをプレイする場合には、プレイヤーの過去のプレイに関する統計情報は補助アプリなどで記録・分析をすることが基本だ。いい手が入る確率は簡単に計算できるので、対戦相手が過去、どの程度の確率でブラフを行ってきたかを割り出すのは難しくない。ブラフを行う確率を考える際には、単純な目の前の損得だけではなく、相手のプレイングに与える長期的な影響も考慮する必要がある（もっとも、このような対戦相手の反応を介した効果は、対戦相手が自分の戦略に応じて機敏に戦略を調整することを前提としているので、対戦相手がこちらの戦略をきちんと観察していない場合には働かないことには留意しなければならない）。

Summary

第4章のまとめ

- 不完備情報ゲームとは、プレイヤーによって見られたり見られなかったりする私的情報（≒手札）が存在するゲーム。
- プレイヤーは自分が見ることができる自分の手札や、自分と相手の行動から、相手の手札を推測しながらプレイしなければならない。
- 相手の手札の推測に役に立つのがベイズの定理。見えたものを前提として、見えない相手の手札が何かという確率を計算することができる。
- 最善のプレイングには、しばしば相手が自分の手札を見られないことにつけこむ動き、すなわちブラフが含まれる。

Chapter 5

Game Theory for Board Game Geeks

第5章 ボードゲームをゲーム理論で攻略する

Overview

これまでの章では、ボードゲームを教材とし、ゲーム理論の基本的な考え方を解説してきた。しかし、読者の中には、ボードゲームのプレイングのコツを知りたくて本書を手に取ってくれた方々もいるのではないだろうか。ここからは、いよいよ今まで学んできたゲーム理論の知識が、ボードゲームのプレイングにも役に立つことを示していきたい。

最初に断っておきたいことは、ゲーム理論は上級のプレイング技術向上にはほとんど役に立たないということだ。特に、囲碁、将棋、チェス、麻雀など、プロのプレイヤーも存在し、アマチュアのプレイヤーの間でも、ルールを暗記していることは当然として、基本戦術を記憶し、局面ごとの定量的な形勢判断ができてようやく中級という伝統ゲームでは、ゲーム理論はほとんどプレイングの参考にならない。ゲームの大まかな構造を理解し、分析するというレベルを超えて、個別のゲームのルールに依存した微妙な感覚を磨くことが、上達のために必要不可欠となるからだ（たとえば、モノポリーでオレンジ色の物件の価値が高いことは演繹的に理解できるが、局面に応じて物件価格の相場が具体的にいくらぐらいになるかはプレイ経験を積まなければ絶対にわからない）。

ただし、伝統ゲームでいう「中級者」のプレイ技術は、現代ゲームでいえば超上級者に属することには注意が必要だ。たとえば囲碁の世界では、千局打てば初段になれるといわれているが、初段は初心者が最初に目指す目標という位置づけで、愛好家としてはまだまだ序の口という棋力である。しかし、かなりのボードゲーム愛好家であっても、1つの現代ゲームを1000回もプレイしたことがある人は稀だろう。筆者はラッキーナンバーというボードゲームで、5000人以上のプレイヤーが参加したボードゲームアリーナの大会において入賞したことがあるが、その時点までにこのゲームをプレイした回数は500に満たない。それ以外の現代ゲームについても、生涯プレイ回数は100に届かないものがほとんどなのではないかと思う。

この世界には膨大な数のボードゲームが存在し、その総数は今もなお増え続けている。たとえば世界最大のボードゲームの祭典として知られる「シュピール（Spiel）」では、毎年1000点以上の新作ボードゲームが出展されているし、受賞したゲームは次々とボードゲーム愛好家たちの「定番」に加わっていくこととなる。1つのゲームを集中してプレイして極めるのもよいが、このような新作や未プレイのゲームをノーヒントでプレイするのも、ボードゲームの楽しみ方の一つだ。そして、初見のゲームを上手にプレイするためには、ゲーム理論を使い、さまざまなゲームに共通する構造を見出すことが非常に有効なテクニックである。この意味で、ゲーム理論はボードゲームのプレイングにも役に立つと筆者は考えている。

5-1 対戦型のボードゲームと勝ち負けの構造

対戦型のボードゲームのゼロサム性

対戦型のボードゲームはすべてゼロサムゲームである。そして、パンデミックや花火のような協力型のボードゲームという例外はあるが、ほぼすべてのボードゲームは対戦型であり、勝者、あるいは順位が決まった時点でゲーム終了となる（表5-1）。現実の社会問題では、利害関係者の利得の総和がゼロになることはかなり稀だ。ゆえにゼロサムゲームの分析は経済学系のゲーム理論研究ではさほど重要視されていない。この点は、ゲーム理論の応用研究のトレンドとボードゲームへの応用の大きな差といえる。

もっとも、プレイヤーの数が多い場合は、ゼロサムであるという特徴の重要性は薄れる。プレイヤーが2人の場合には、自分の勝率が上がる場合には相手の勝率が下がることとなるため、プレイヤー間で協調が発生する余地はない。一方、プレイヤーが3人以上いる場合には、複数人のプレイヤーが結託し、グループ外のプレイヤーの勝率を下げることで、グループ内のプレイヤーの勝率を上げるのが有効な場合がある。

序章で紹介したインカの黄金が好例だ。序章で紹介した例では、たくさんいるプレイヤー（インカの黄金のプレイヤー数は3人から8人）が次々と「戻る」を選択し終え、残り2人

表5-1：ゼロサムなボードゲームとそうでないボードゲーム

協力型のボードゲーム
・全員で共通の目標達成を目指す ・目標達成ができれば全プレイヤーが勝ち、できなければ全プレイヤーが負け ・パンデミック、花火など
対戦型のボードゲーム
・プレイヤー間での結果の優劣が決まる ・勝利条件を満たしたプレイヤーが勝ち、そうでないプレイヤーは負け ・協力型でないほとんどのボードゲーム

のプレイヤーがいまだに遺跡の中に滞在し、「進む」か「戻る」かを選び続けているという状況を考えていた。この2人のプレイヤーが置かれた状況を局所的に考えると、ゲームはまったくゼロサムではない。この2人が協調して、1人が進み、1人が戻ることに合意できれば、すでに「戻る」を選択した他のプレイヤーたちに対して有利に立てる。逆に、協調に失敗すれば、この2人はそれ以外のプレイヤーに対して不利になってしまう。

もちろん、ゲームによって協調がしやすいか、協調することによってどれくらいの便益が得られるかは異なるが、一般的に、人数や陣営の数が多くなればなるほど、局所的な協調が有効である場面が増えることは覚えておきたい。カタンの開拓者たちやカルカソンヌなど、プレイ人数に自由度がもたされているボードゲームは多いが、人数に合わせてプレイ方針を調整する際に役に立つ知識である。

「勝ち」「負け」か順位か？

対戦型のボードゲームたちは、さらにゲームにおける利得の設定の仕方で類別ができる。もっともシンプルで、かつ人気の方式は、ただ1人が勝者となり、残りの全員を敗者とみなすというものだ。

もう少し複雑な方式として、麻雀などのように「順位が高いほうがよい」というルールが設定されることもあるが、目的関数が複雑になってしまうという欠点がある。複雑になってしまう原因は、各プレイヤーの目から見て、ゲームの帰結が「勝ち」「負け」の2つではなく、「1位」「2位」「3位」のように、多数の値を取りうるからだ。

ゲームの構造にランダムネスが含まれる場合、「順位が高いほうがよい」というルール設定は不十分である。「100％の確率で2位になれる」行動と、「30％の確率で1位となり、70％の確率で3位になる」という行動のいずれが望ましいか、適切に定義されていないからだ。麻雀の例でいえば、目の前にある2着確定のアガリを拾うか、点数を高めてトップを狙いにいくかを選択するのは頻出する場面だが、「1着が2着の何倍えらいか」（つまり

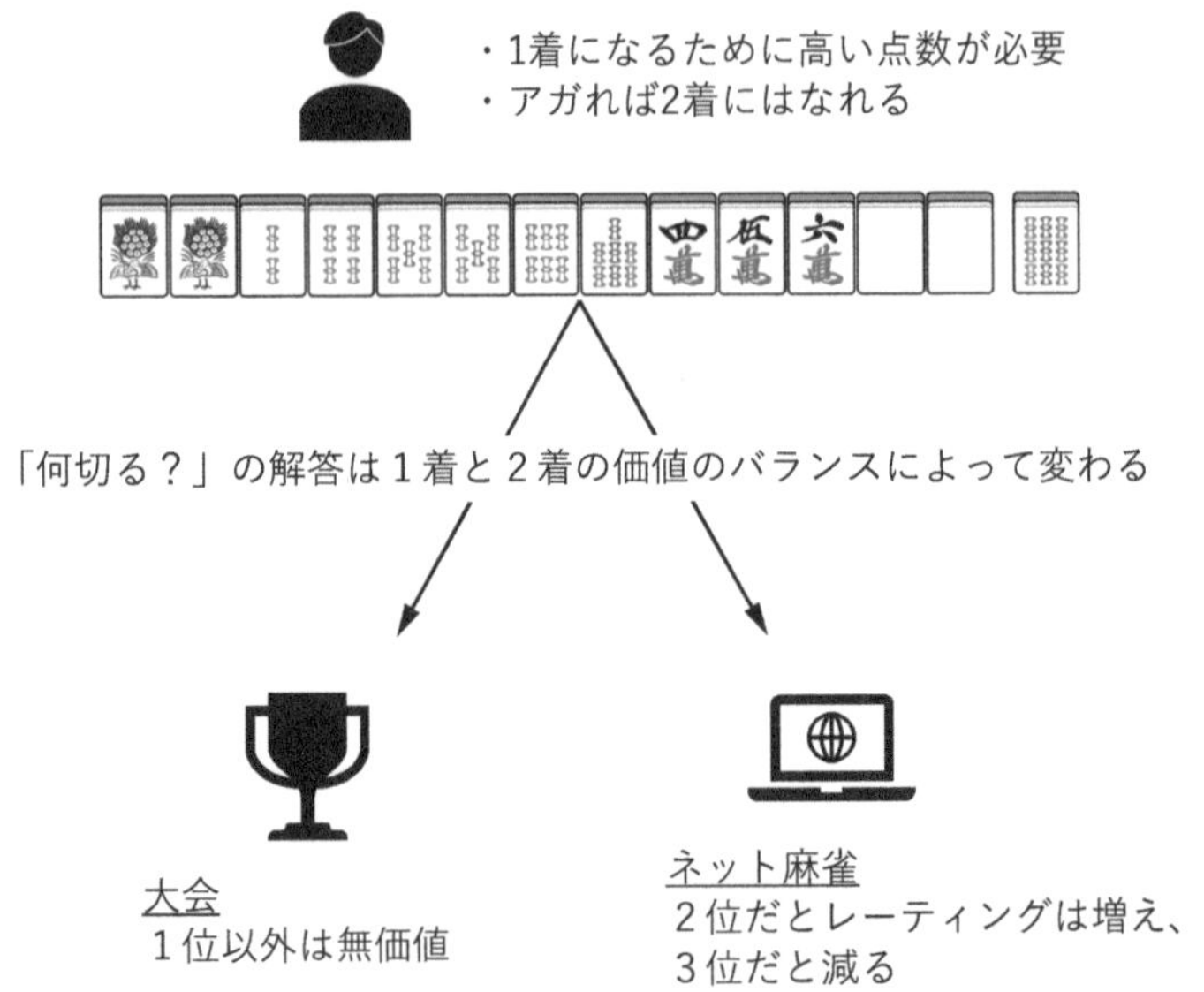
・1着になるために高い点数が必要
・アガれば2着にはなれる
「何切る？」の解答は１着と２着の価値のバランスによって変わる
大会
１位以外は無価値
ネット麻雀
２位だとレーティングは増え、
３位だと減る

図 5-1：順位の価値を明確にしないと最善手は決まらない

経済学の用語でいうところのフォンノイマン・モルゲンシュテルン効用関数）が定量的に定義されていなければ、どちらの選択がより望ましいかを決定することはできない（図5-1）。

ボードゲームのおもしろさの一つはお互いの手の読み合いにあり、相手が何を目標としてプレイするかがわからなければ、当然相手の手を読むことなど不可能である。ゲームの帰結を「勝ち」と「負け」の2値に設定することには、最善手となる選択を定義しやすくするという利点があるのだ。

キングメーカー問題

しかし、ゲームの結果を「勝ち」「負け」のように粗く定義すると、「どういう行動を取っ

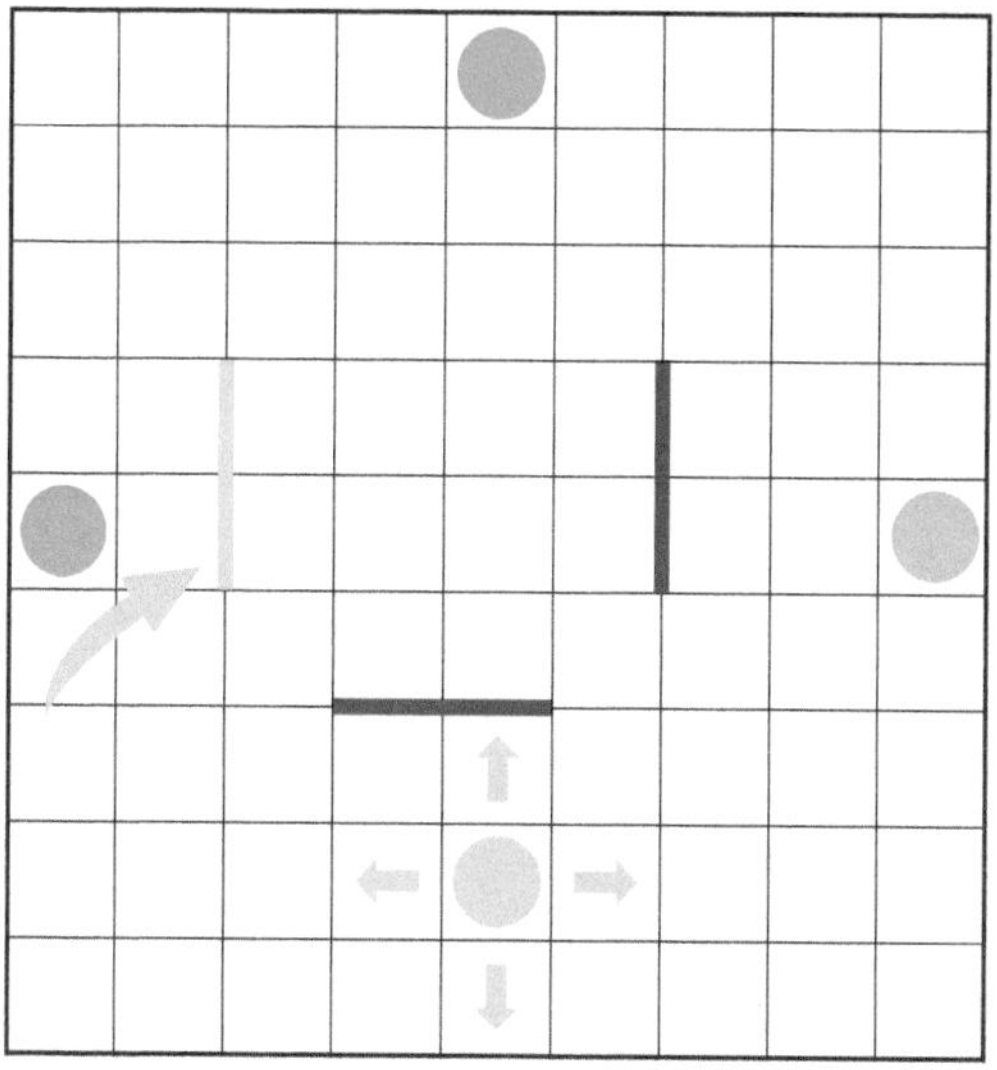

図5-2：4人プレイのコリドール。毎ターン、上下左右のどれかに1マス動くか壁を置いて相手の進路を妨害できる。

ても本人にとって利得が変わらない」という局面が多発するという問題が発生する。一見、「利得が変わらないのであればどういう行動を取っても構わないのではないか」と思うかもしれないが、そうとは限らない。行動を選ぶプレイヤー自身の負けは確定していても、そのプレイヤーの行動によって他のプレイヤーの勝ち負けが左右されるかもしれないからだ。このような、自らは勝利できないにもかかわらず、その行動で優勝者を決定できてしまうプレイヤーのことを**キングメーカー**と呼ぶ。

　コリドールは1997年に発売されたフランスのボードゲームだ。図5-2のようにゲームの構造は非常にシンプルで、チェス盤のようなゲームボードの上で、順番にターンを進めながら自分自身のコマを動かし、最初に自

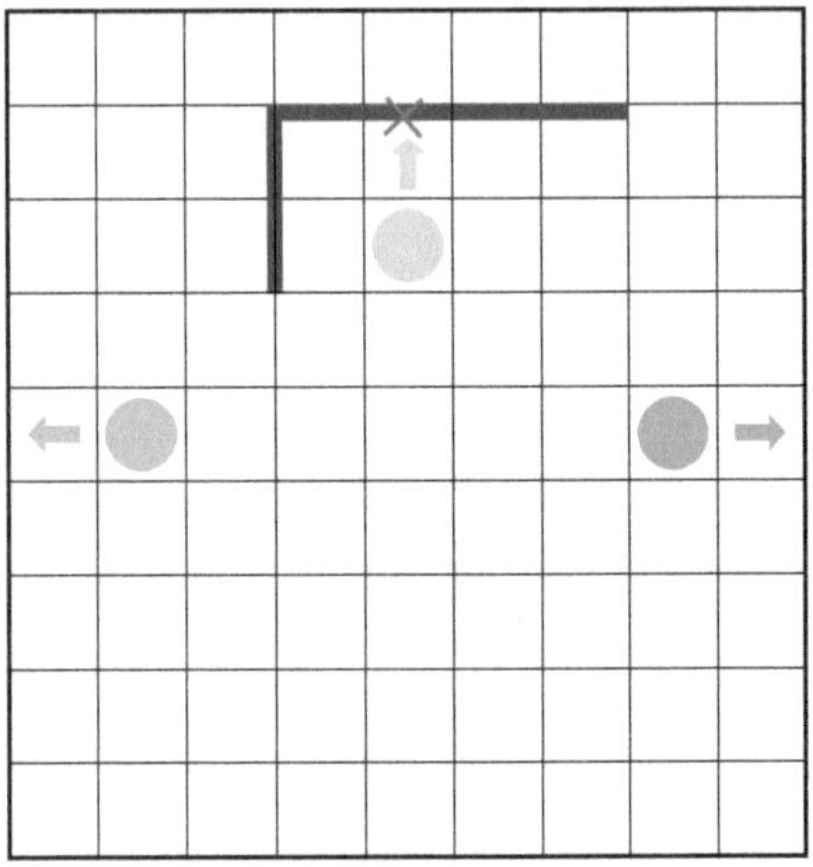
●はもう勝つことはできないが、
「壁」をどこに設置するかによって
●を勝たせるか、●を勝たせるか
選べる**キングメーカー**になっている

図 5-3：コリドールにおけるキングメーカー問題

分のコマが最も向こう側の列にたどり着いたプレイヤーが勝利となる。自身のコマを動かす代わりに、相手を妨害するために進路をふさぐ壁を設置することもできる。このように、きわめてシンプルなルールにもかかわらず、高度な駆け引きが楽しめるゲームとなっている。

キングメーカー問題を体験したければ、コリドールを3人以上でプレイするのがオススメだ。コマは1回に1マスしか動けないため、一度後れをとれば逆転の望みがない局面は頻発する。さらに、進路をふさぐ壁を設置するというアクションが許されるため、特定のプレイヤーを妨害することも容易だ（図5-3）。ゲームの目標は勝つことであり、勝つ確率を最大化しないのは単なるマナー違反だが、一度負けが確定してしまえば、どのような行動を取っても不合理とはいえなくなる。ゲーム理論の用語に即していえば、相手に最適反応が複数存在し、均衡もたくさん生じてしまうので、帰結を予想することが不可能となり、ボードゲームの戦略性が失われてしまうということだ。

キングメーカー問題を解決する最も強力な方法は2人プレイヤー・あるいは（「妖狐」抜きの）人狼ゲームのように、すべてのプレイヤーが2つのチームに属するゲームとすることだが、ボードゲームは必ずしも2人プレイで楽しく遊べるようにできてはいない。ゲームの目標を順位や勝利点のように連続化すれば、「何をやっても結果が同じ」という局面を減らせるが、この解決は前述の「○位は□位の何倍偉い」を細かく定めなければならないという問題を引き起こしてしまう。ランダムネスがあるゲームでは、最後の最後まで逆転のチャンスがあるようにしておけば必敗の局面は減らすことができる。麻雀で遊んでいる際に、最後の局で「トリプル役満をツモれば1位になれる」という薄い可能性が希望となるかは怪しいが、可能性がゼロでない限り、期待値を最大化する選択という最善手が、一応は一意に定義可能となる。

賭け金による解決

利得関数の明確化とキングメーカー問題の緩和に関し、最も強力な解決策となるのは賭け金の導入である。金を賭けたギャンブルはもちろん違法だが、金銭は非常に強力な価値の尺度である。300円勝つことは100円勝つことの3倍よい結果だ、ということはイメージしやすい。ゲームが繰り返しプレイされるなら、期待値を最大化するようにプレイすることが、リスクに対する選好にかかわらず最適な戦略となる。負けているプレイヤーも、自分の負け分を1円でも減らしたいという目標に向かってプレイするインセンティブがあり、キングメーカー問題も発生しない。「ノーレートでは麻雀をやりたくない」ということを（賭け麻雀は違法であるにもかかわらず）堂々とのたまう麻雀愛好家は多いが、それは必ずしも、射幸心を煽られないと真面目にプレイする気が起きないからではなく、ノーレートだと誰が何を目指すべきなのかの統一ができないという事情もあるのだ。

ほとんどの現代ボードゲームは賭け金をゲームデザインに導入していない。これはギャンブルが少額であっても合法でない国が多いからだが、この順法性の制約から逃れられるケースでは、しばしばゲームの結果と金銭の授受は連動される。ポーカーのようなカジノゲームがもっともイメージしやすいが、順位ごとに異なる賞金額が設定されているボードゲーム大会なども広い意味では賭け金の導入例だ。「順位に割り振られた賞金の期待値を最大化する」という定量的な利得関数が与えられることによって、ゲームの定義が明確になるのだ。

5-2 敵のインセンティブを誘導する

談合：約束ができないルールの下で、協調をどう達成するか？

多人数・多陣営ゲームでは、局所的な協調が重要だと述べた。ボードゲームの多くは、拘束力のある約束を結ぶことを許していない。たとえば、有名ボードゲームのモノポリーやカタンの開拓者たちでは、未来の約束を行うことを明示的に禁止している。インカの黄金のように、いっせいに行動を選択する場面で、かつ利害が一致するケースや、カタンの開拓者たちやモノポリーのように、その場で資源を交換することができるなら、契約によらずとも協調行動は取れるものの、たとえばカルカソンヌのように、手番が完全に逐次的で、1つの場面で行動を取れる人間が1人であるゲームも多い。後者のようなゲームにおいて、裏切りを抑止し、他のプレイヤーと協力関係を築くにはどうすればよいのだろうか？

ひとつの方法は、他のプレイヤーと利害関係が一致する局面に誘導することだ。相手が自身の利益を最大化することが自分の利益にもなる局面を作ることができれば、疑似的に相手は自分のために動いてくれることとなり、有利に立つことができる。

カルカソンヌは2000年に発売されたドイツ系ボードゲームの傑作だ（図5-4）。ゲームの名前はフランスの要塞都市からとられ、プレイヤーは手番ごとに新たな地形タイルを

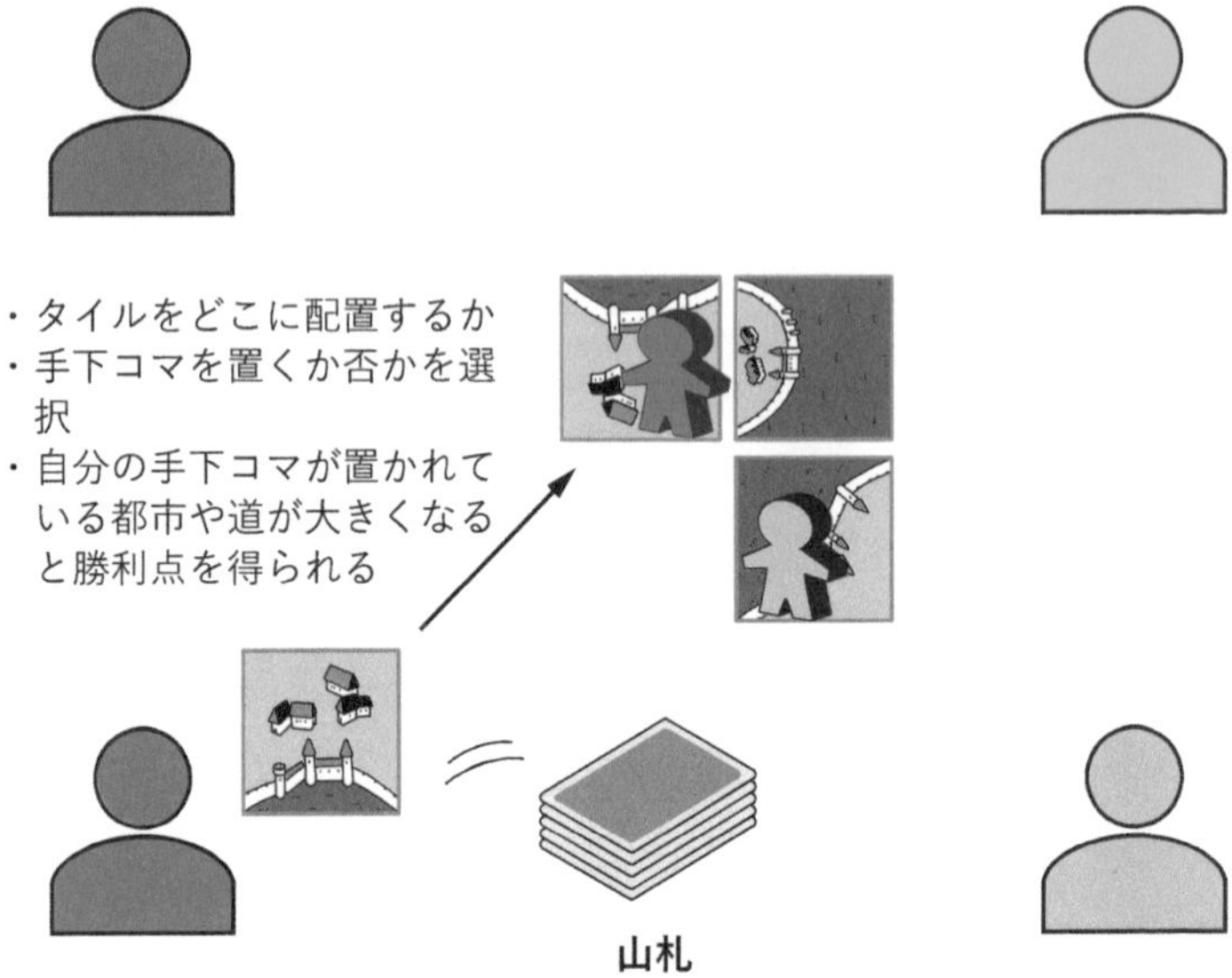
・タイルをどこに配置するか
・手下コマを置くか否かを選択
・自分の手下コマが置かれている都市や道が大きくなると勝利点を得られる
山札

図 5-4：カルカソンヌのルール

1枚ランダムに引き、ジグソーパズルのように、すでに場に出ている地形タイルたち（からなる地図）に接続して、どんどん地図を広げていく。地形タイルには、道・都市・草原・修道院などの区域が描かれており、プレイヤーはこれらに手下のコマを配置することで、その区域を統治することができる。区域の大きさや完成度によってプレイヤーに勝利点が入り、もっとも多い勝利点を得たプレイヤーの勝ちというゲームだ。

基本的に手下コマは1つの区域に1人しか置くことができないが、別々の区域として誕生した道や都市が、拡張の後に合併した場合には、同じ区域に複数の手下コマが配置されることもある。その区域から得られる勝利点は、もっとも多くのコマを置いた者が独占し、

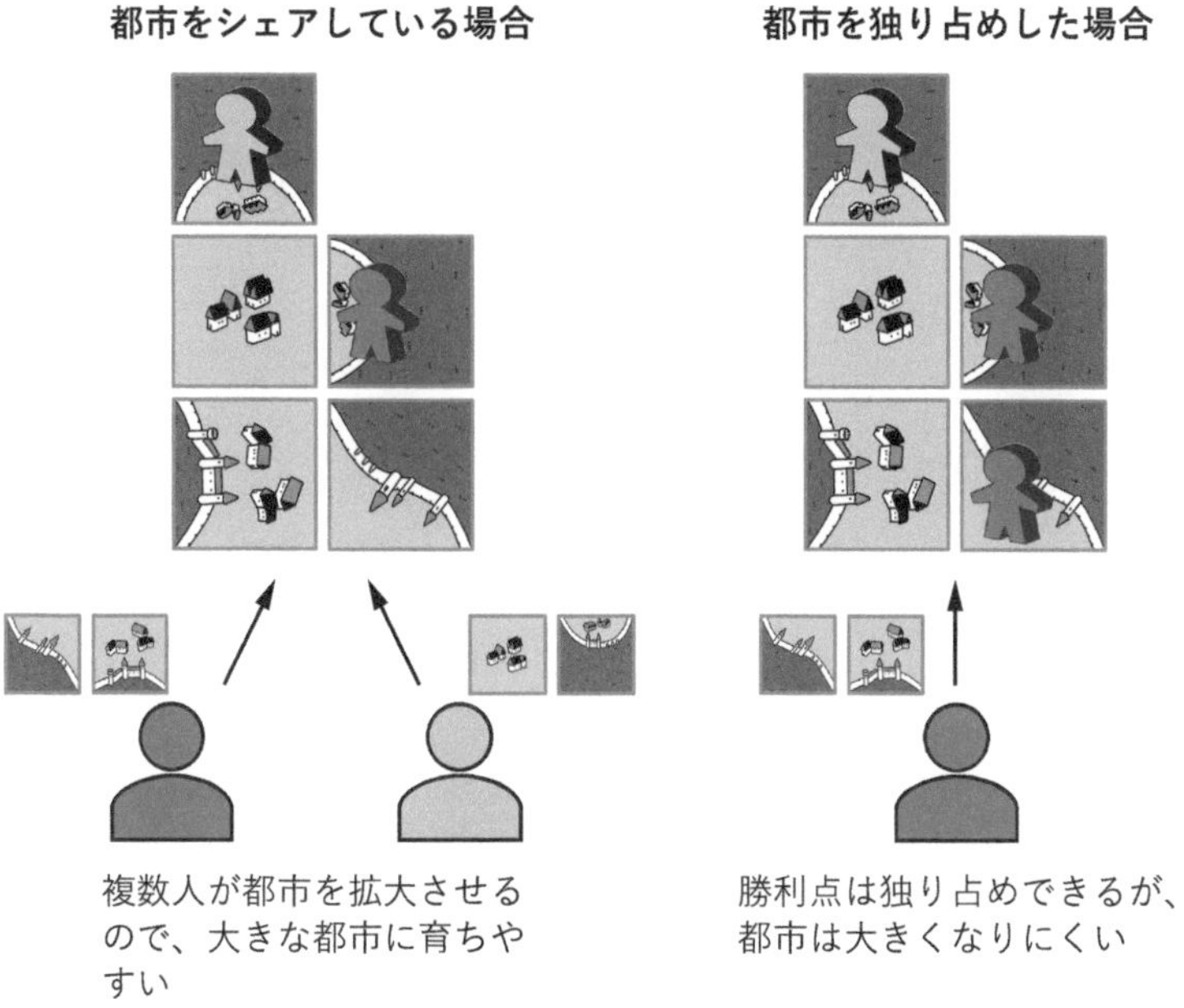
都市をシェアしている場合
都市を独り占めした場合
複数人が都市を拡大させるので、大きな都市に育ちやすい
勝利点は独り占めできるが、都市は大きくなりにくい

図5-5：都市を独占するメリットとデメリット

同数置いた者が複数いた場合には、その全員に同じ点数が与えられる。相乗りをしても1人あたりの点数が減ることはなく、総勝利点が増える形で処理されるわけだ。

カルカソンヌが競技として人気なのは2人プレイだが、協調行動の分析に適しているのは3人以上でプレイする場合だ。ここではA・B・C・Dの4人のプレイヤーが遊んでいる状況を考える。いま、ある都市にA・Bの手下コマが1人ずつ配置されているとする。Aはこの都市に手下をもう1人送り込むことで、都市を独り占めし、Bがこの都市から得点を得ることを阻止することができる。Aはこの都市の独占を目指すべきだろうか（図5-5）？

もちろん、最適な選択は局面による。ゲー

ムが終盤で、AがBを蹴落とせば1位になれるという局面であれば、独り占めを目指すのが有効であろう。しかし、序盤や中盤で、Bが必ずしも強力なライバルとはいえない場合には、Bを排除しようとする行動は得策とはいえない。都市の拡大は地形タイルが接続されたときに起きる。Bがこの都市から勝利点を得られる局面であれば、Bは貴重な手番を使って都市を発展させようとするが、Aが都市を独占してしまった後では、Bはその都市の発展に協力することはない。むしろ積極的に拡大を防止することを試みるだろう。Aが都市の独占に向けて動き出すと、AとBの利害が対立してしまい、BがAにとって得となる行動を取ってくれなくなるのだ。独占できそうな状況でも、独占しないほうがむしろB以外の他のプレイヤーに対して有利を取れる場合も多いのである。

協調が達成しやすいゲーム・しにくいゲーム

カルカソンヌの、単一の区域に追加で手下コマを配置するのにはコストと手数がかかるという特徴は、協調を達成しやすくする方向に作用している。相乗りから独り占めに移行するためには、追加で手下コマを送り込む必要があるが、手下コマは数の限られた貴重なリソースであり、それを費やすと他の得点機会を逸することになる。また、すでに相乗り状態にある都市に追加で手下コマを送り込むためには、まず地形タイルを使って別の都市を誕生させ、その都市に手下コマを配置し、その後地形タイルを引いて、新しい都市を狙っている都市に合併させせなければならない。多人数の場合には、うまく2つの都市をつなげるような形の地形タイルを後から自分が引ける確率は下がる（他のプレイヤーが接続するために必要なタイルを引いた場合は、そのタイルは別の用途に使われてしまう）し、前段階である「新しい都市を誕生させ、そこに手下コマを置く」という行動を取った時点で、他のプレイヤーは相乗りから独り占めに移行しようとしていることを察知することができる。

どのような環境下で協調が達成しやすいかは、社会問題を分析する上でも非常に重要な問題なので、経済学とゲーム理論の文献でも豊富に研究がある。協調が達成できるかどうかは、裏切る利益が十分に小さいかどうかで決まる。カルカソンヌのように、裏切りにコストがかかり、しかも裏切りを実現する前に長い予備手順が必要なゲームは、協調が達成しやすい環境だ。裏切るメリットが薄いだけではなく、裏切りの兆候が見えた段階で相乗りしているプレイヤーたちは反撃に移ることができるからだ。初見のゲームで協調が有効な戦略かを判定する際には、協調した場合に得られる利益だけではなく、裏切りのしやすさにも注目するとよいだろう。

5-3 多人数対戦型のボードゲームでのリスクの取り方

開始時点は負けそうな局面

前述のように、多くの対戦型のボードゲームは多人数からただ1人の勝者を決めるという方式となっており、しかも場面に多様性を作り、キングメーカー問題を回避するためにゲームにはランダム性が取り入れられている。

当たり前だが、プレイヤーの人数が多く、かつゲーム自体にランダム性が含まれている場合には、よほどプレイスキルに差があっても百戦百勝することは困難だ。たとえば、麻雀はプレイ人数が4人だが、あるプレイヤーの1位率が3割もあれば、かなり技術に差があるといわれる。

百戦百勝することが困難なゲームでは、「運がよくなければ勝てない」ということを意識することが必要だ。終盤、劣勢なプレイヤーが一発逆転を狙ってリスクを取るのはどんなゲームでもよく見かける光景だが、勝率がよくて3割しかないゲームでは、ゲーム開始時点でのスタートラインに横並びした状態はそもそも「負けそう」なのであり、積極的にリスクを取るべき局面なのである。

勝つためのリスクの取り方

話の整理のため、ゲームのランダム性はサイコロの出目によって生じるとしよう。最適なリスクの取り方を検討するにあたっては、「どの出目が出たらどのような局面になるか」という考え方が有効だ。理想的にはどの出目が出ても有利となる選択をしたいが、そのような必勝の選択ができる局面は稀だ。

「リスクを取る」とは、出目ごとの有利不利を極端にする行為だ。どんな出目が出ても有利というのが無理であるならば、運が悪ければ手も足も出ずに惨敗するのを覚悟の上で、「通れば勝ち」という出目を増やしたほうが、勝率は上がるのである。これは必ずしも、有利さの期待値を最大化する行為とは矛盾しない。

カタンの開拓者たちは現代ボードゲームの中でも最も人気な作品の一つだが、出目ごとの有利に偏りを持たせるのが、リスクでもリターンでも有利になりやすい特徴を持つ。カタンの開拓者たちは六角形のタイルを並べて作るカタン島に入植し、道を引き、開拓地や都市を建設して自分の領土を発展させ、最初に一定の繁栄度（勝利点）を得たプレイヤーが勝ち、というゲームだ。建設には資源が必要となるが、資源は生産地のそばに開拓地・都市を建てた上で、対応するサイコロの出目が出れば獲得することができる。どこに開拓地・都市を建てるかによって、どの出目が出たときに資源を得られるかを選択できるのだ。

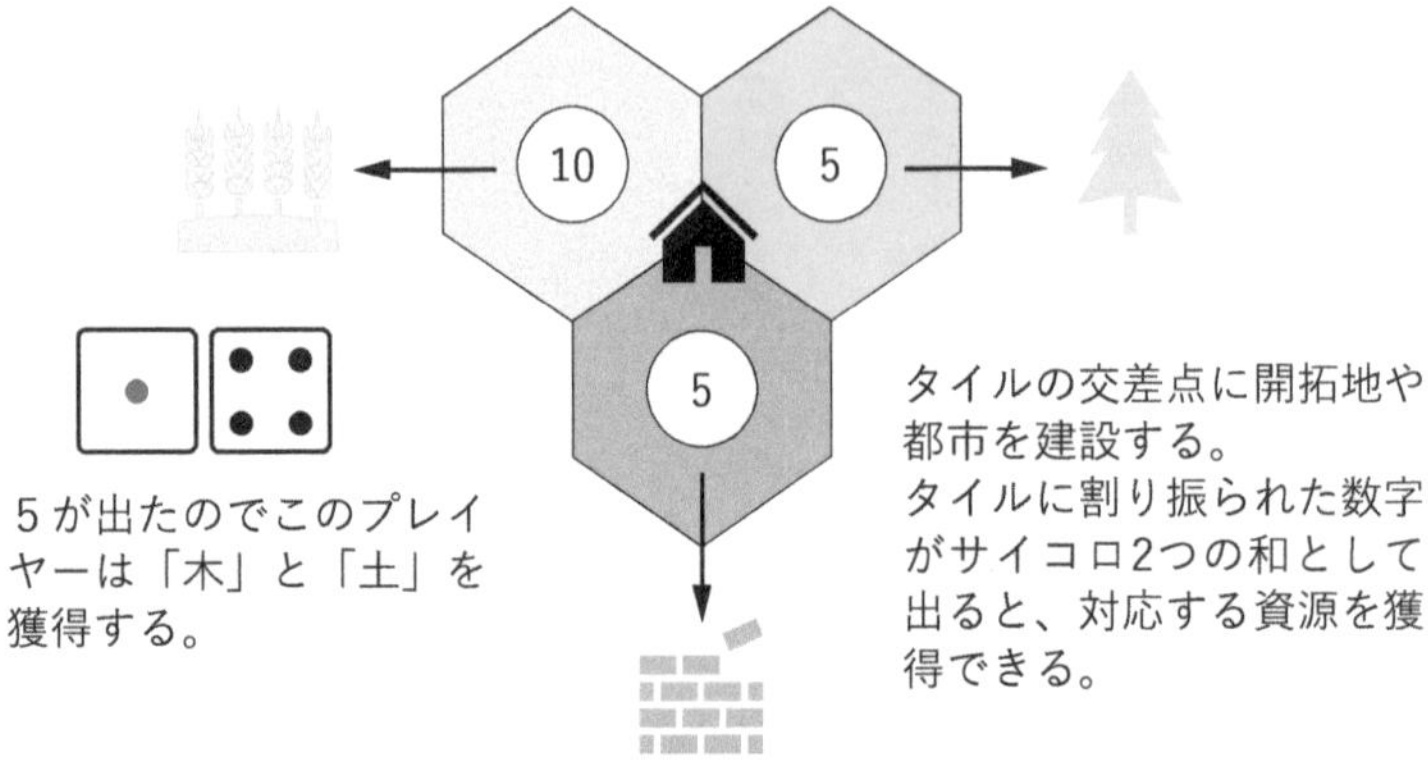
10
5
5
5が出たのでこのプレイヤーは「木」と「土」を獲得する。
タイルの交差点に開拓地や都市を建設する。
タイルに割り振られた数字がサイコロ2つの和として出ると、対応する資源を獲得できる。

図5-6：カタンの開拓者たち

一見、どんなサイコロの出目が出ても資源が得られるように、広く薄く出目をカバーするのが安全のように思えるが、これが得策とは限らない。カタンの開拓者たちは3人ないし4人でプレイするゲームであり、敵の人数が多いので、どの出目も誰か別のプレイヤーにより集中的にカバーされている場合がある。1位になるのが目的であれば、「どういう出目の出方でもより有利なプレイヤーがいる」というような局面は避けるべきだ。むしろ、いくつかの出目を捨て、特定の出目のもとで十分に強い有利を得られるほうが高い勝率を得られる（図5-6）。

リスクの話からはやや脱線するが、「資源を消費するときは、必ず複数の資源の組合せが必要となる」というゲームの仕様もこの傾向を強めている。資源は「鉄」「麦」「羊」「木」「土」の5種類だが、「鉄」の消費は必ず「麦」の消費と同時であり、「木」の消費は必ず「土」の消費と同時だ。単一の出目で、ただちに消費できる資源の組合せを得られるようにカバーする出目を偏らせるのはこの意味でも効率的だ。

もっとも、出目ごとの有利不利に偏りを作る方法が有効かどうかは、目標とする勝率による。必勝に近い勝率を追求するなら、出目にかかわらず勝てる戦略を模索する必要がある。カタンの開拓者たちはプレイ技術が勝率に影響する程度の目安となるELOレーティングが公開されるオンライン対戦プラットフォームが（本書の執筆時点では）ないため、最適化すれば何割ぐらい勝てるゲームなのかは定かではないが、上級者が初級者を相手にプレイした場合、6～7割は勝てるとする見方が多いようだ。このような勝率を達成したいのであれば、「序盤にこの出目がたくさん出ればあきらめる」と割り切ることはできない。逆に、初級者が上級者相手に対等な勝率を得たいのであれば、偏りを作るのはより有効な戦略となるだろう。

5-4 見えないものを見る：手札読みの技術

手札読みが有効なゲームの特徴

対戦型のボードゲームの大多数は不完備情報ゲーム、つまり特定のプレイヤーにしか見られない手札が存在するゲームだ。自分の手札や、相手の行動などの情報から、相手がどのような手札を持っているかを推測し、その推測に応じて適切な選択をしていくのが、不完備情報のあるボードゲームで勝つコツとなる。

手札読みの技術が重要となるゲームは以下のような特徴を持つ。

① 読むべき手札の種類が多くない。判定しなければならない手札の類型が少なければ少ないほど、手札読みの精度を向上させられるので、読みが判断材料として有用になる。

② 選択できる行動が手札に依存しない。手札によって取ることのできない行動がある場合は、手札を正確に読めても、それを活かした対応を選べないことがあるため、手札読みの効果が減る。

③ 選択を行う機会が多い。相手が行動を行うたびに、相手の手札に関する断片的な情報が漏れるため、相手が多様な行動を取れるほうが手札の推測は行いやすくなる。また、

推測した相手の手札の情報に応じて、自分も行動を変えやすいので、手札読みの結果で自分の最適な選択が変わりやすい。

以上のような特徴を整理すると、手札読みの重要性が比較的低いゲームはたとえば麻雀であり、高いゲームはポーカーなどであることがわかるだろう。

「麻雀」と「テキサスホールデム」

麻雀は手牌が13枚あり、副露と呼ばれるアクションを取らない限り、そのすべてが隠されている。そのうちの一部を読み間違えるだけで点数や待ち牌が大きく変わるため、手牌読みは困難で、確実性に乏しい。観察可能な行動は1枚山から引いて、1枚を切るという摸打のみであり、本質的には似たような手牌であっても、何を引いたかによって切り出される牌は変化する。さらに、ポーカーなどと異なり、アガらない限り点数を得ることはできないので、相手の手牌が弱い（待ち牌の数や、アガったときの点数が低い）ことを正確に見抜けたとしても、自分の手牌が悪ければ、結局はオリるのが最適であることに変わりがない。牌の切り方の手順から、相手のプレイヤーの手牌や意図を推測するのは難しいので、「現物」、「スジ」、「壁」などと呼ばれるより直接的な証拠（だけ）からリスクを評価す

	麻雀	テキサスホールデム
読むべき手札の種類	多い。13枚の手牌すべてが点数と待ちにかかわる。	少ない。手札は2枚で、しかも類型化可能。
行動と手札の関係	密接にかかわる。相手の手牌を完全に読めても最適な行動が変わらないことも多い。	依存しない。ブラフをかけることはいつでも可能。
行動の機会	意思決定の回数自体は多いが、手牌にかかわらないことが多い。	賭け金に関する意思決定が毎ラウンド行われる。

図 5-7：麻雀とポーカー

る方法がそれなりに有効なのだ（図5−7）。

これに対して、ポーカー、特に隠れた手札の少ないテキサスホールデムなどは、手札読みの重要性を高める特徴がそろっている。テキサスホールデムでは各プレイヤーは2枚の手札しか持たない。この他に、合計5枚の場札が公開情報として順にめくられ、最終局面で複数のプレイヤーが残っていれば、手札の2枚と場札の5枚の計7枚から、最高の手役となる5枚を作って役の大きさを競う。警戒すべき手札の性質は、「AやKなどの強い札がある」、「手札の2枚ですでにペアが完成している」、「スートがそろっていてフラッシュが狙いやすい」、「連番でストレートが狙いやすい」というように、少数の類型に分けることができる。プレイヤーたちは場札がめくられるごとにベットする機会があり、いつ・どんな額を賭けたかによって、相手の手札の情報を推測できる。そして、相手が途中でオリてしまえば、自分の手札の強さにかかわらず勝つことができるので、いかなる場面でも手札読みが不要となることはない。

テキサスホールデムにおける手札読みの重要性を示唆する逸話がある。アネット・オブレスタッドは最年少でワールド・シリーズ・オブ・ポーカーでブレスレット（他競技のメダルやトロフィーに相当）を獲得した著名なポーカープレイヤーだが、彼女は180人のプレイヤーが参加したオンラインポーカー大会で、使用しているモニターに目隠しを貼り、自らの手札をまったく見ないでプレイして優勝した（厳密には、途中、決定的な局面で一度だけ手札を確認したらしい）。この逸話はもちろんアネットの超人的な技量を表すものだが、テキサスホールデムというゲームにおける手札読みの重要性も示している。プロであっても、麻雀で同じことができないことは明らかである。

Summary

第5章のまとめ

○ボードゲームのデザインや、最適なプレイングを検討するのにもゲーム理論は役に立つ。

○分析したい状況を抽象化した上で、どういう戦略の組が均衡となるかを考えるのがコツ。

○ただし、具体的な知見はもちろんプレイするゲームによる。

Column

コラム3：経済学実験における賭け金の利用

ギャンブルゲームで賭け金が導入される目的の1つは、ゲームのルールとして設定される利得の明確化だと第5章では紹介した。ギャンブルは（少なくとも日本国内では）違法だが、実は賭け金のようなものを導入することでゲームの定義を明確にする手法は、すでに実験経済学界でも当たり前の手法となっている。とはいえ、被験者にお金を賭けさせているわけではない。実験でプレイするゲームの結果に応じて、被験者への謝金を調整することで、ゲーム内での利得と金銭の収支を一致させる方法を取っているのだ。たとえば実験の中で、ある被験者が他の被験者の2倍の利得を得たなら、その被験者の謝金も（固定額の参加報酬を除いて）2倍となる、という具合である。

利得と金銭の収支を一致させる方法は、実は経済学実験のほうが便利に使える。ギャンブルゲームでは、プレイヤー全員の金銭の収支の合計は基本的にゼロだ。賭け金はプレイヤーの誰かからプレイヤーの誰かに払うだけなので、合計はどうがんばってもプラスにはできないし、条件によってお金を捨てる（寄付する）ルールを設定しないと、マイナスにもできない。ボードゲームとして、賭け金を使って利得と金銭の収支をうまく一致させられるのはゼロサムゲームだけで、パンデミックのような協力型のゲームや、第6章で解説するキープクールのような全員負けの条件があるボードゲームには、この方法は使えないのである。

一方、実験者が被験者への謝金を用意し、その額を調整する場合には、被験者全体に支払う謝金の総額を固定する必要はないので、ゼロサムゲーム以外でも問題なく利得と金銭の収支を一致させられる。現実の社会問題の多くはゼロサムゲームではなく、経済学実験の主な分析対象もまたゼロサムゲームではない。実験者のようなプレイヤーでない人間がかかわり、金銭の収支をゼロサムでなくすることで、さらにいろいろなゲームを利得が明確となった状態で体験することができるのだ。

Chapter 6

Board Game as Gamification of Game Theory

第6章

ボードゲームで社会をハックする

純粋な研究上の関心として始まった経済実験は、今日ではゲーム理論教育に欠かせないツールとなり、多くの大学のゲーム理論の講義に取り入れられることとなった。本書ではここまで、経済実験の体験の代替として、ボードゲームのプレイ体験を軸に、ゲーム理論の導入を行ってきた。この考えをもう一歩進めると、教育を目的としたボードゲームの開発というアイディアに至る。

ゲームを教育に用いようという発想は、ゲーム理論家の専売特許ではない。ゲームのプレイをチームビルディングなどに生かすことは広く行われているし、語学学習やプログラミング学習をゲーム化して、楽しみながらこれらのスキルを身に着けられるソフトウェアはこれまでに多数販売されている。教育のような、本来はゲームではないものにゲーム性を持ち込み、楽しさ・興味・熱中度を高めようという試みは、**ゲーミフィケーション**または**ゲーミング**と呼ばれる。

ゲーム理論で分析されているものは「ゲーム」ではあるが、必ずしもプレイしておもしろいゲームではない。ゲーム理論のゲームは、現実の社会問題を分析しやすいよう、シンプルに抽象化して作るもので、娯楽性を高める構造やデザインは導入されていないからだ。当然ながら、ゲーム理論のゲームをプレイさせるような経済実験も、プレイして楽しいように設計されてはいない。経済実験でも、ゲームを体験させるという目標はクリアできているものの、ゲーミフィケーションで目指される、楽しく、熱中して学習するというもう一つの目標は達成されていないのだ。

ゲーム理論を学習できる教育用ボードゲームは、ジャンルとしてはニッチで、実用に耐える完成度のものはまだまだ少ないが、いくつか存在する。第6章ではこれらの先駆的な例を紹介したい。

6-1 貿易ゲーム：国家間の経済格差はどのように生じるか？

貿易ゲームとは

貿易ゲームは、1982年にイギリスのNGO「クリスチャン・エイド」によって考案されたゲームだ。目標はゲーム理論の学習ではなく、国家間の貿易を疑似体験し、先進国と途上国における社会・経済的格差を体験するものだが、授業の一環としてプレイしておもしろいように設計されており、また経済学的な含意もいろいろと得られる傑作の教育ゲームだ。

このゲームは、授業の一環として学生にプレイさせることを意図しており、20人以上のプレイヤーを5〜6チームに分けてプレイさせる。各チームは国家をイメージさせており、チームによって人数や最初に配布される備品が異なる（図6-1）。チームが先進国を模した国であれば、技術が高いため、ハサミ・コンパス・定規・分度器のような道具も豊富に割り当てられる。しかし、発展途上国では、道具は十分にそろっておらず、その代わりに原料に相当する紙ばかりがたくさん割り当てられる（人数・備品・紙の分け方でゲームバランスが変わってくるが、学生の人数に応じて適宜割り当てを変えてもよいとされる）。

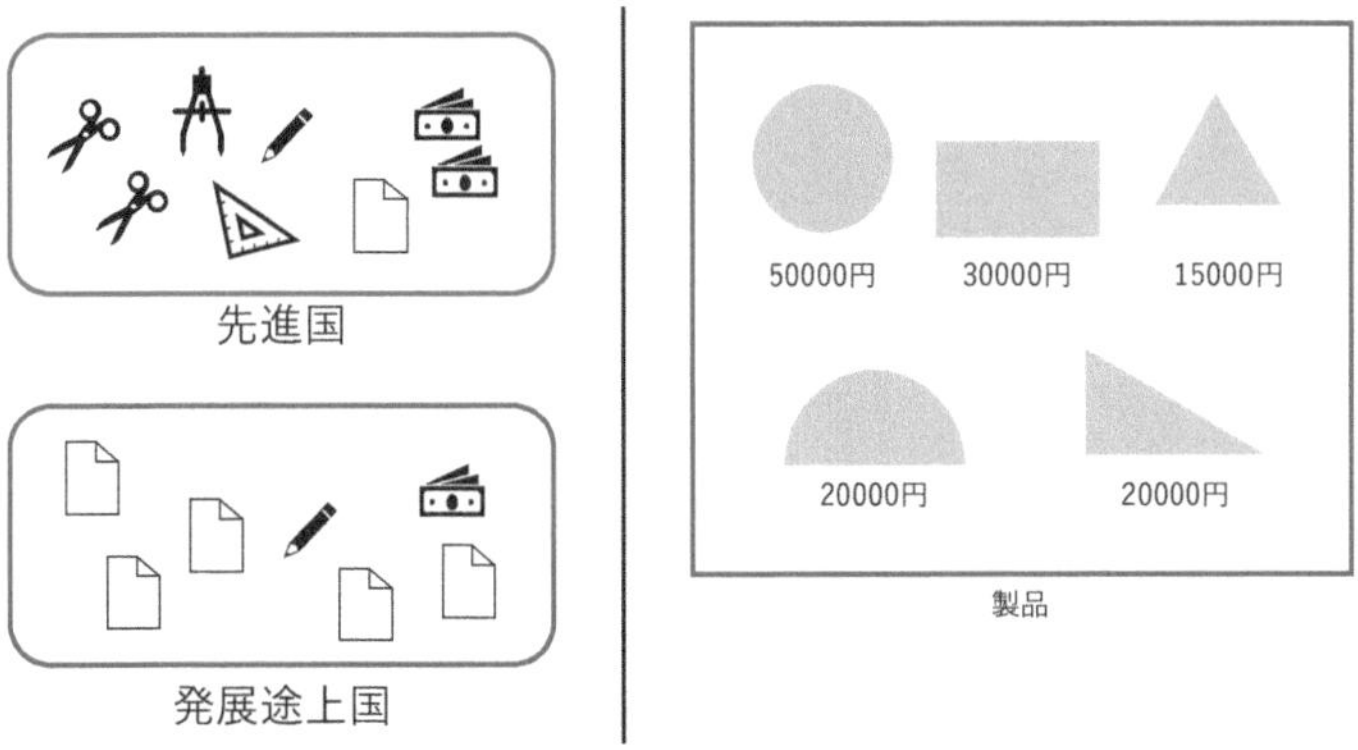

図 6-1：貿易ゲーム

紙を指定されたサイズの長方形・三角形・円の形に切り抜くと、それは製品となり、金銭的な価値を持つようになる。製品は世界銀行と呼ばれるファシリテーター（教員）が一定の値段で買い取ってくれるが、製造には道具を使って綺麗に切り取ることが要求される。より複雑な技術（たくさんの備品と作業量）が必要とされる図形のほうが値段は高く、似たような面積の紙から作られていても、製作にコンパスや分度器が必要な円のほうが、定規とハサミだけで作れる長方形よりも高価だ、という具合である。各チームは、制限時間内になるべくたくさんの製品を換金して利益を上げることを目指す。そのためには、人員・金銭・備品の貸借・売買を自由に行ってもよい（ゲームの娯楽性を増すために、追加のルールとして、ゲームの途中で製品の買い取り価格を変更したり、製品の買い取り価格を増す隠された方法を特定のチームのみに耳打ちしたりすることもある)。

ゲームの狙いと進行

途上国は道具が足りないため、先進国の協力なしには高額の製品を作ることはできない。先進国は、独力でもある程度は製品を作れるものの、用意された道具に対して人員や原料が不足している。先進国と途上国は貿易を行うことで、お互いに足りない物資を補うことができ、双方が得をすることができる。この自由貿易のポジティブな面を体験させることが、貿易ゲームの第一の狙いだ。

推奨されるゲーム設定では、先進国は途上国よりも少なめに設けられ、道具も原料(紙)よりも希少となっている。各チームが自国の利益を最大化するように行動していれば、自然と先進国のほうが強い交渉力を持ち、途上国の人員と資源を安価に買い取る構図となる。結果として、交易から得られる利得のほとんどは先進国が得ることとなる。

やや上級のトピックとなるので、本書では詳細な解説を省いたが、このように複数のプレイヤーが協力(貿易)した場合に得られる利益がどう分配されるかを研究する学問が**協力ゲーム理論**だ。貿易ゲームで、希少な物資を確保している先進国が強い交渉力を持つことは、協力ゲーム理論の予測と綺麗に一致する。近年の学部ゲーム理論の授業では、本書で説明したような、個々のプレイヤーがどういう行動を取るかに着目した**非協力ゲーム理論**を中心に教えるのが主流だが、協力ゲーム理論も貿易ゲームを含むさまざまな状況に示唆を与えてくれる。興味がある読者はぜひ専門の教科書を手に取り、勉強してみてほしい。

「貿易ゲーム」から学べること

貿易ゲームは、学校のクラスなどを対象に、授業の一環として実施するためのゲームだ。ゲームをやりっぱなしでクラスを終えるのではなく、教員などのファシリテーターが、デブリーフィングの場において、ゲーム後に適切なフィードバックを与えることが重要になる。貿易ゲームから得られる経済学的な学びは以下のようなものになるだろう。

- **国家間の協調の有効性。適切に協力関係を築くことで、双方の国家が利益を上げることができる。**
- **利益の分配。より希少な要素を提供できる国家は、関係が決裂した場合に他の国家にアプローチしやすいため、交渉力が強い。したがって、貿易による利益の多くを獲得できる。途上国の立場の弱さは部分的にこの要因で説明できる。**

●技術協力や移民労働などの現実にも観察される国家間協力の成り立ち。
●コミュニケーションやチームビルディングの練習になる。

ただし、人員・物資の分配を適切に行わなければ、現実世界に近い結果を得られないことにも留意が必要である。筆者は過去、貿易ゲームにプレイヤーとして3回参加したことがある。そのうちの1回では人員と資源が多く、道具がほとんど割り当てられていない（数十年前の）中国を模した国家が圧勝した。原因を調べるべく、後から物資の配分を確認すると、ファシリテーターが世界に配分される原料（紙）の量を、「ちょうど制限時間内に使い切れる程度の量にしよう」という意図で、推奨される設定よりもかなり少なくしていたことに気がついた。推奨される設定では、道具が希少となるため先進国が有利になるのに対し、このファシリテーターが用意した設定では、原料や人員のほうが希少であったため、資源国が有利となっていたのだ。

現実世界とはやや異なる設定を用い、反実仮想的な状況を考察するのも、体験型学習だからこそ可能な学びのひとつである。そういう意味でいえば、このように物資の配分をあえて極端に変更し、世界の情勢がどう変化するのかを観察するのもおもしろい。ただし、ゲームバランスをカスタマイズした上で、ゲームの結果がどのようにもたらされたのかを解説するにあたっては、ファシリテーターにより深い経済学的な知識が必要となる。

6-2 廃棄物ゲーム：不法投棄をどう防ぐか？

環境教育とゲーミフィケーション

これから紹介する2つのゲームは、いずれも環境教育に使うことを意図し、環境問題の研究者によって開発された、きわめてアカデミックなボードゲームだ。環境問題は、非常にマクロ的な問題であるため、個々人の日常的な経験からは問題の構造が見えにくい。一方で、ゲーム化した仮想体験を通すと、問題の所在や解決への道筋が見やすくなるため、ゲームを使った体験学習が特に有効だ。「地球温暖化ゲーム」などと呼ばれるゲームのカテゴリーが存在するほどに、多種多様な教育用ゲームが開発されている。

とはいえ、これまでに提案されているゲームの多くは、パソコンの上で機能するテレビゲームの系統で、多人数が戦略的な駆け引きをするゲーム理論的な意味でのゲームではない。もちろん、テレビゲームも環境問題に興味を持ってもらうための入り口としての機能は果たせるし、政府の活動をシミュレーションで追体験することで、さまざまな問題や政策について知識を深めることもできるだろう。しかし、環境問題の本質を学ぶには、ゲー

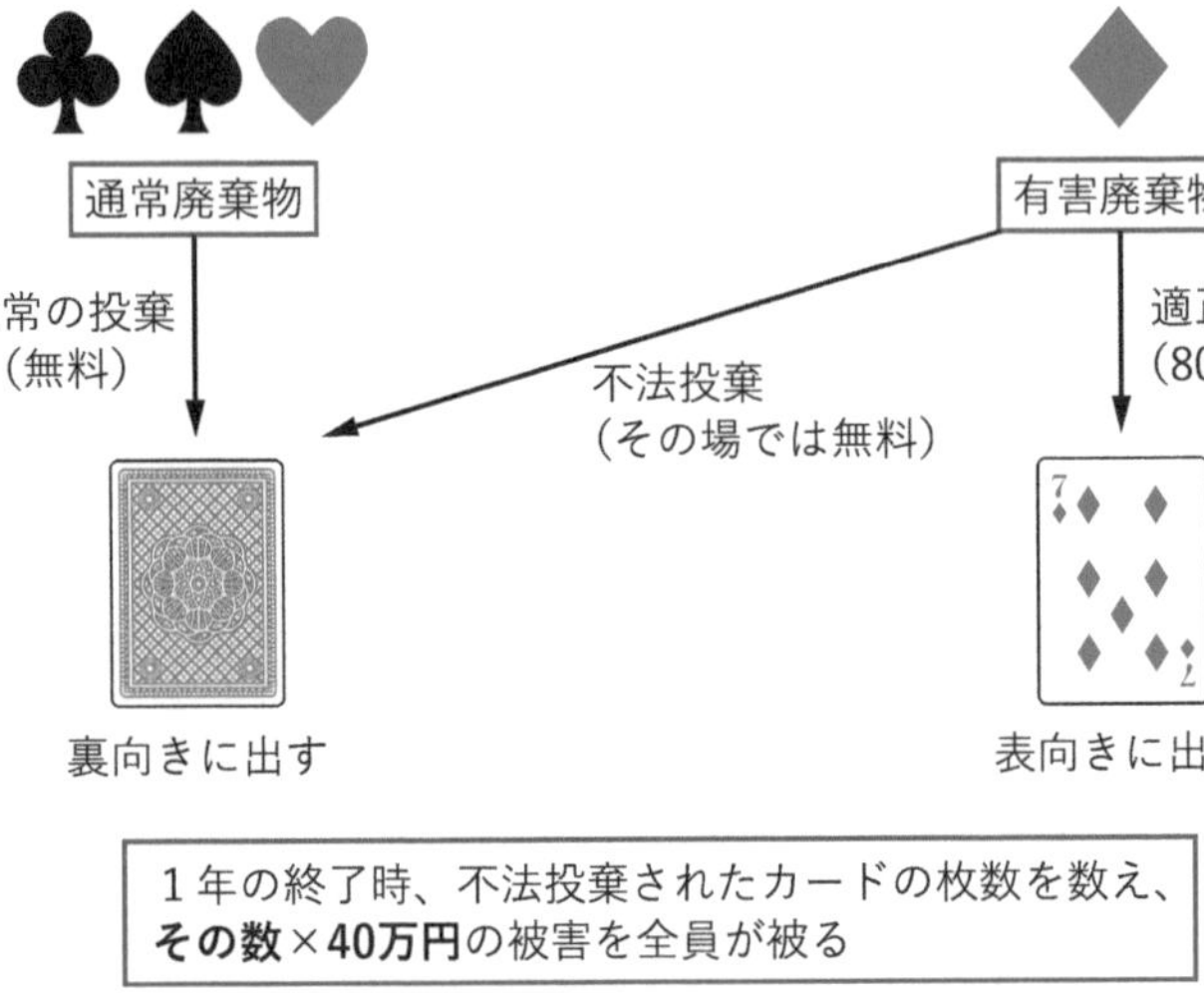

図 6-2：廃棄物ゲーム１

ム理論的な戦略的駆け引きの構造を理解することは必要不可欠であり、このためには抽象化された多人数プレイのボードゲームを用いるのが有効なアプローチである。

廃棄物の不法投棄と囚人のジレンマ

廃棄物ゲームは、１９９８年ごろ、杉浦淳吉氏と広瀬幸雄氏によってデザインされた、産業廃棄物の不法投棄の問題をゲーム化した環境教育ゲームだ。使用する道具は（ゲームチップがあれば便利だが）トランプだけでよく、ゲームのルールもシンプルで、ボードゲーム慣れしていない学生でも簡単に理解できる（図６−２）。

このゲームは5人から8人のプレイヤーで遊ぶトランプゲームだ。「４年」を1ゲームとして、「1年」が以下のように進行する。

はじめに、各プレイヤーに4枚の手札が配られる。トランプの数字に意味はなく、スート(スペード・ハート・クラブ・ダイヤの模様)だけが意味を持つ。スペード・ハート・クラブは「通常廃棄物」であり、ダイヤのカードは「有害廃棄物」を表す。

1年の中には、春・夏・秋・冬の4ターンがあり、各ターンにすべてのプレイヤーがいっせいに1枚ずつ廃棄物を捨てる(=手札を場に出す)。通常廃棄物を捨てる場合は、それ以上は選択の余地がなく、必ずカードを裏向きに出すことで処理をし、処理費用は払う必要がない。有害廃棄物を捨てる場合には、「適正処理する」か「不法投棄する」かを選択することとなる。「適正処理する」場合には、廃棄するプレイヤーは80万円を支払い、捨てたものが有害廃棄物であることがわかるように、カードを表向きに出す。「不法投棄する」場合には、通常廃棄物を捨てたかのように装うイメージで、カードを裏向きに出し、処理費用は払わない。

1年が終わったら、裏向きの廃棄物カードを、出した人がわからないようによくシャッフルし、不法投棄された有害廃棄物(ダイヤのカード)の枚数を数える。不法投棄は環境汚染を引き起こすので、混ざっていた有害廃棄物1枚につき、プレイヤー全員が(1人あたり)40万円の損害を負う。この「1年」を4回繰り返し、プレイヤーたちはなるべく大きな利益を上げる（処理費用と汚染による損害の合計額を減らす）ことを目指す。

以上がもっとも基本的なゲームのルールだが、一度プレイしてみれば、このゲームがまだボードゲームとして成立していないことはすぐにわかる。有害廃棄物は適正処理すれば80万円の負担となるのに対し、不法投棄してしまえば40万円の損害で済む。不法投棄をした場合、汚染によって他のプレイヤーにも損害が及ぶが、利己的なプレイヤーにとってそんなことは知ったことではないのだ。結果として、適正処理をするものは誰もおらず、すべてのプレイヤーが有害廃棄物を不法投棄することとなる。このような、あるプレイヤーの経済活動が他者に不利益・損害を与えることは、経済学では**外部不経済**と呼ばれる。

このゲームの構造は**囚人のジレンマ**とまったく同じである。社会全体のコストで考えれば、適正処理のコストは80万円であるのに対し、不法投棄をした場合には40万円×プレイヤー数の損害が発生するので、適正処理のほうが安くあがる。にもかかわらず、個々のプレイヤーが自らの利益を追求するならば、外部不経済の部分は無視されるため、相手がどういう戦略を取っているかに関わりなく、不法投棄を行うのが最適となるのだ。この基礎的なバージョンの廃棄物ゲームは、個々人の利益と社会全体の利益が必ずしも一致しないことを体感するためにはきわめてよくできた教材だ。

検査の導入：「ダウト」は不法投棄を防げるか？

社会問題の原因がわかったら、次のステップは解決策の模索である。このためのルールを追加することによって、廃棄物ゲームはボードゲームとしても完成する。

春・夏・秋・冬の季節の終わりに、すべてのプレイヤーがカードを出し終えたあと、各プレイヤーは廃棄物の検査を宣言することができる。検査を行うプレイヤーはその費用として40万円を負担しなければならない。検査が宣言された場合、すべての裏向きに出されたカードを表にする。もし検査によって、あるプレイヤーが不法投棄を行っていることが発覚すれば、そのプレイヤーは罰金として100万円を支払う（損害として被る）ことになる。

検査が導入された廃棄物ゲームは、トランプゲームのダウトに似た構造を持つ。プレイヤーたちは、あたかも捨てているのが通常廃棄物であるようにカードを捨てるが、実際は有害廃棄物である場合もある。純粋なボードゲームとして楽しむのであれば、相手の表情や仕草から嘘を見破り、適切なタイミングで検査を行うゲームといえるだろう。ダウトのゲームデザインはあまり洗練されておらず、大人数でプレイするとなかなか終わらないことでも有名だが、廃棄物ゲームにはそのような弱点もなく、遊んでも楽しいゲームとなっている（図6-3）。

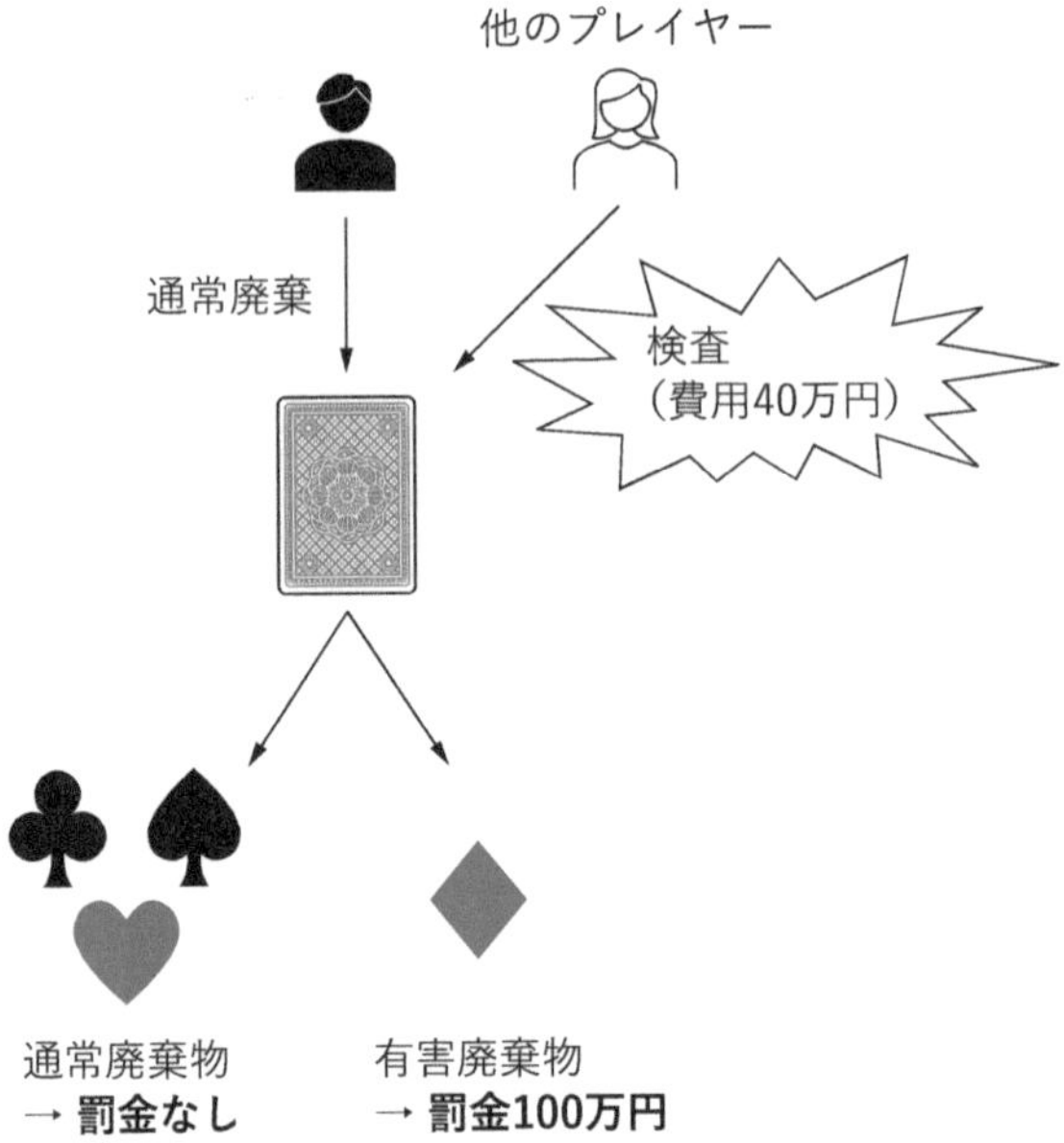

図 6-3：廃棄物ゲーム 2

抜き打ち検査は不法投棄を防ぐための基本的な手段だが、これだけで問題がすべて解決するわけではない。検査のコストを誰が負担するのかという問題が発生するからだ。また、検査による抑止がうまく働いて、不法投棄の頻度が減ってくると、検査の頻度を減らしたくなるという誘因も働いてくる。このあたりの兼ね合いが、検査費用と罰金の大きさによってどのように変化するかを観察するのもおもしろいので、検査費用と罰金のバランスを変更しつつ、ゲームを繰り返してみよう。

マーケットデザイン

より完全に不法投棄を防ぐにはどうすればいいだろうか。現状のルールのもとで、適正処理するインセンティブが十分に与えられず、不法投棄が横行してしまうなら、ゲームのルールを変えてしまえばよい。罰金の額を調整することも含め、いろいろなルールを導入するとどうゲームの帰結が変化するのかを試せるのも、ボードゲームを使った体験学習の強みだ。

ルールを変えて望ましい結果を得ようとするのは、筆者も専門とする**マーケットデザイン**という領域の考え方だ。直近では2012年と2020年のノーベル経済学賞の受賞テーマともなり、ゲーム理論の応用としては近年もっとも注目されている領域といってよい。ゲーム理論は、与えられたゲームを分析し、帰結を予測し、その社会的な望ましさを評価することを目指す。対して、マーケットデザインは、望ましい帰結を得るためにはどういうゲームの構造を創り出さなければならないか、そのためにはどういう社会制度を築かなければならないかを研究する。マーケットデザインの分析を活かした制度設計は、研修医の病院配属・学校選択制・生体腎移植・事業者への周波数帯の配分・インターネットの広告オークションなど、さまざまな社会問題の解決に対して実践されている。

変えられるルール・変えられないルール

制度設計はゲームのルールを改変する行為だとみなせるが、すべてのルール変更が現実に実行可能なわけではない。たとえば、有害廃棄物の適正処理に費用がかからないという世界を考えれば、そもそもジレンマが存在しない。また、検査費用をゼロにするというルール変更を加えれば、すべての廃棄物を検査することで、不法投棄は簡単に抑止できる。しかし、処理や検査費用は技術的な要因によって決まっているパラメータであり、現実世界では新しい検査技術が開発されるなどの外的な事情の変化がない限り変更することはできない。

これに対して、検査費用をプレイヤーたち全員で案分したり、罰金の額を増額したりするのは、技術革新がなくとも、制度の変更だけでただちに実行可能な方策だ。廃棄物ゲームのジレンマを解消するためにはどういうルール変更を加えればよいかを考えるのは非常によい試みだが、導入しようとしているルール変更が現実に実行可能でなければ意味がない。この点には注意が必要である。

「廃棄物ゲーム」の制度的解決

廃棄物ゲームのジレンマの制度的解決策はいろいろ考えられるが、究極的には方法は2つしかない。検査を効率的に行うか、適正処理に補助金を払うかだ。

検査を効率的に行う方式は、たとえば以下のような制度だ。プレイヤーたちは、お金を出し合って検査機関を作り、検査機関は機械的に一定の確率で検査を行う。検査を行う確率は、検査費用と罰金の兼ね合いによるが、不法投棄を行うインセンティブがないように設定する。具体的には、適正処理の費用が80万円、不法投棄がもたらす本人に対する被害が40万円であれば、この差額の40万円をちょうど上回る程度の罰が期待値として与えられるように、検査を行う確率として設定する。プレイヤーたちがゲームの最初にこういうルールに合意し、あとは機械的にこのルールを運用してしまえば、誰も不法投棄をするインセンティブはなく、また検査の費用は必要最小限に抑えられる。

補助金を払う方式では、適正処理の費用と不法投棄の個人的損害の差額を他のプレイヤーが支払うというルールにしておけばよい。本人の負担額が40万円以下に抑えられるのであれば、不法投棄をするよりも適正処理をしたほうが経済的に得になるため、不法投棄は発生しない。誰も不法投棄をするインセンティブを持たないので、検査を行う必要も一切ない。もちろん、他のプレイヤーが自主的に処理費用を負担するインセンティブはないので、あらかじめ適正処理のための基金を作り、そこから費用を支払うという形態にするのがよいだろう。

モデル外の要因を考慮する

廃棄物ゲームでモデル化されている経済活動だけを考えれば、後者の補助金方式がもっともパフォーマンスがよい解決策だ。検査費用を一切かけず、すべての有害廃棄物を適正処理することができるからだ。これに対して、前者の検査方式では（必要最低限の検査を抜き打ちで行うことで、額は抑えられているものの）ある程度の検査費用が必要となってしまう。しかし、モデル外の事情も考えると、必ずしも補助金方式が検査方式に勝るわけではないということには留意しておきたい。

現実には、有害廃棄物の排出量は一定ではなく、企業が適切な設備投資を行うことによって、量を減らせることも多い。本来、有害廃棄物1つは社会に対して（適正処理がなされれば）80万円の負荷をかけるが、適正処理に補助金を与えてしまうと、その企業は40万円の負担しかしなくてよいということになる。結果として、補助金方式は有害廃棄物を減らすグリーンな技術への設備投資を行うインセンティブを削いでしまうのだ。検査を効率化する方式の場合、このような問題はない。適正処理にかかる費用の80万円は、企業自身が負担するルールだからだ。

制度的な解決を検討する場合は、このように、ゲームの中でモデル化されていない事情も考慮する必要がある。「有害廃棄物を減らすための設備投資が行える」というような単純なルールの追加であれば、実際にこれを導入したバージョンの「廃棄物ゲーム」をプレイしてみるのもよいが、すべての要素が簡単にゲームに組み込めるわけではない。適宜、理論的な分析を併用していくのが望ましい。

6-3 キープクール：あなたは地球を救えるか？

地球温暖化問題を体験する傑作本格ボードゲーム

貿易ゲームや廃棄物ゲームは、授業の一環として、最小限の道具（文房具やトランプなど）だけを必要とし、ボードゲームに馴染みがない学生に対してプレイしてもらうことが意図されている。これに対して、キープクールは専用のパッケージが必要な本格ボードゲームだ。筆者は、学部2年生の頃に、飯田誠氏と丸山康司氏が東京大学で開講していた「環境エネルギーゲーミング」という授業の中でプレイしたことで、はじめてゲーム理論を使った社会問題の分析のおもしろさに気がついた。筆者がゲーム理論に関心を抱くきっかけとなったゲームなので、非常に思い入れが深い。

キープクールは、2004年に環境経済学者であるクラウス・アイゼナハ氏と気候研究者のゲルハルト・ペスチェルヘルト氏が、ポツダム気候変動研究所において開発した環境教育用のボードゲームだ。プレイヤーたちは6つに分けられた国家（群）の指導者となり、自国の繁栄を追求する（図6-4）。ゲームの基礎的な構造は経営シミュレーション的で、資

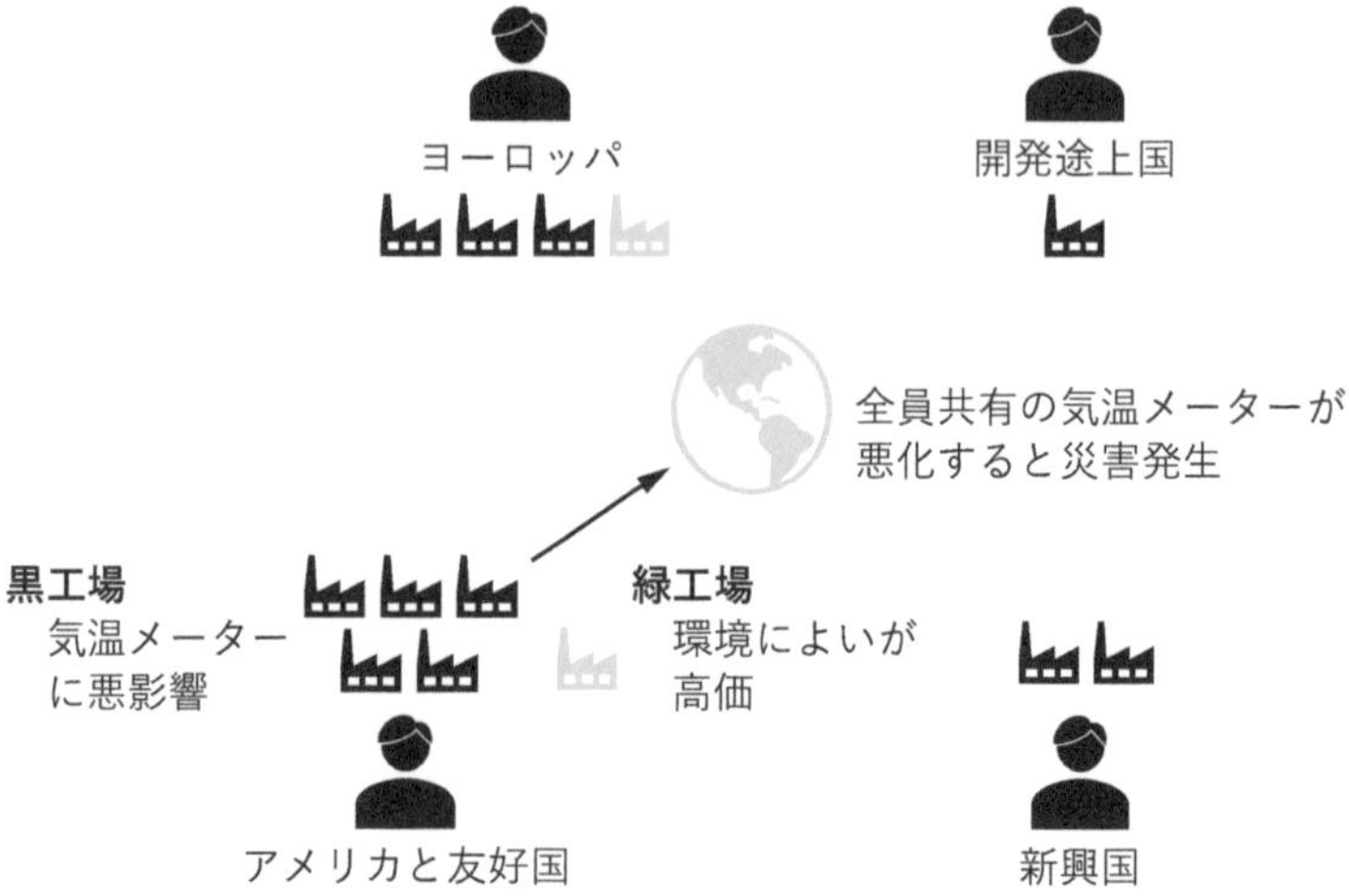

図 6-4：キープクール

金を費やして工場を建設し、自国の富を増やして、指定された政策目標の達成を目指す。最初に指定された政策目標を達成したプレイヤーの勝利となる。

プレイヤーが建設できる工場は2種類ある。環境に悪い「黒工場」と、環境によい「緑工場」だ。ゲームボードの中央には、「地球の気温」（あるいは、世界の環境の汚染度）を表すメーターが設置されるが、黒工場が利益を生むときには気温メーターが進んでしまう。緑工場はメーターに影響を与えないが、その分、黒工場よりも高価である。地球の気温が高くなると、世界各地でさまざまな災害が発生する。この要素は、ゲームの中では、毎ターンめくられる「温室効果カード」の影響として表現され、気温メーターの進み具合に応じて、各国の金銭的被害の大きさが増減する仕組みとなっている。

現実の世界を模して、各プレイヤーには、受け持つ国家群の特徴を反映した、異なる初期条件と政策目標が与えられる。たとえば、ゲーム内随一の先進国である「アメリカと友好国」は、最初からたくさんの工場と資金を保有しているが、「開発途上国」は乏しい工場と資金しか持たない、という具合だ。異なる状況と異なる目標を持つ国家たちは、どうすれば環境問題を克服し、かつ自国を繁栄させることができるのかを考えるのがゲームの意図である。

外部不経済を可視化した秀逸なゲームデザイン

キープクールのルールはかなり複雑であるため、このゲームの構造が単純な「囚人のジレンマ」だとはいえないが、大雑把にいうとこのゲームも廃棄物ゲームと同じ構造を持つ。国家は、自分のことだけを考えるなら、資金効率のよい黒工場を運用すべきだ。気温メーターは世界で共有されており、温室効果カードの被害は自国にもたらされるとは限らない。国家が自分の利益のことだけを考えるなら、少なくとも気温メーターがあまり進んでおらず、災害の影響が緩やかなうちは、黒工場を運用するのがベストだ。この「気温メーター」の上昇を通じた他人への被害」はまさに外部不経済の一種である。人々が自らの利益を追求すると外部不経済が無視されてしまうという構造は、産業廃棄物の不法投棄・公害・地球温暖化などの広範な環境問題に共通している。

キープクールのゲームデザインは、この外部不経済の問題を見事に可視化している。キープクールの気温メーターは、実は資金を表すゲームチップで現在の目盛りを表現している。黒工場は、この気温メーターからチップを取り去る形で利益を発生させるのだ。外部不経済の構造は廃棄物ゲームなどにも内包されているが、キープクールは、黒工場を運用するという行為が、全プレイヤーにとって共通の資源（気温メーターの低さ）を収奪する行為に他ならないということを見た目にもわかりやすく表現しているのだ。

ゲームの初期条件も、なかなか環境保護に踏み切れない国家たちの心の機微を体感させられるものになっている。環境問題がいまだ解決されたとは言いがたい現在の社会を反映して、すべての国が黒工場を大量に保有した状態からゲームはスタートする。緑工場は「アメリカと友好国」などの先進国に少数配備されているだけである。すでに建設した工場は取り壊すこともできるが、取り壊しによって十分な金銭的対価を得られるわけではないので、その国の資金の見通しは一気に悪くなる。下手をすると、環境保護のために黒工場を取り壊した後に災害に見舞われ、国家の経営が立ち行かなくなる可能性すらある。このため、「ゲームの序盤では黒工場を運用しつつ、国が豊かになるのに合わせて緩やかに緑工場に切り替えていこう」という発想になりがちなのだが、全員がそのような甘い環境保護政策を取っていると、気がつけばメーターが大幅に進行し、大災害が繰り返される終末の状態に陥っている。このあたりのゲーム設計の絶妙さは実際にプレイしてみないとわからない。ぜひ製品を手に入れて体験してみてほしい。

「キープクール」の弱点

キープクールは秀逸なゲームだが、完全無欠というわけではなく、環境教育のために利用する上で気をつけなければならない弱点も存在する。第一の弱点は、通常のボードゲームの慣習に従い、勝利条件を設定していることによって、プレイヤーのインセンティブが不自然な形に歪むことである。プレイヤーは政策目標として指定されている条件を最初に達成することによって勝ちになる。このため、負けそうなプレイヤーは勝ちそうなプレイヤーが勝利条件を満たすのを防ごうとして、故意に気温メーターを進めるなどの戦略を取ることがある（気温メーターが一定以上に進行すると世界が滅亡して「全員負け」となるルールもある。これを勝者が存在する通常の負けよりもましだとみなして、故意に世界を滅亡させたプレイヤーすら、筆者は見たことがある）。こういった行為は、与えられたボードゲームのルールの下では適切な行動だが、現実世界の国家たちはこのような行動は取らない。現実とボードゲームのルールの差がいびつなインセンティブを生み出し、プレイヤーの行動を歪めているのである。ボードゲームのルールとしてはやや不自然にはなるが、廃棄物ゲームと同様、各プレイヤーは他のプレイヤーとの相対的な利益を気にするのではなく、自国があげた絶対的な利益の量を最大化するようにゲームのルールはデザインされるべきだった。

第二の弱点は、国家間の交渉に用いることのできるツールが十分に提供されていないことである。キープクールは、現在の状況も、政策目標も異なる国家たちが、いかにして協力関係を築き、持続可能な発展を遂げることができるのかを追求させるゲームで、協力関係を築いていくためには、国家間で交渉を行っていくことが必要不可欠だ。有効に交渉を行うためには、報酬や罰をうまく使っていくことが必要だが、キープクールのルールの中では、先進国が途上国に資金を提供する程度しか、報酬・罰に使えるギミックがない。キープクールのゲーム進行中では、うまく交渉をまとめ、気温メーターの進行を阻止するのはかなり困難だが、その理由の一つは、交渉に使える取引材料が少なすぎることにある。現実世界では、環境保護を目指す条約の実効性を確保するにあたっては、国家間の経済的なつながりは十全に活用されている。これと比較すると、キープクールの設計は、現実と比べ、協調を過度に困難にして、世界を滅びやすくしすぎている印象を受ける。

飯田・丸山両氏の授業での活動の一環として、筆者らはこれらの弱点を改善した、E-cityと名付けた環境教育ゲームを制作し、第16回コカ・コーラ環境教育賞次世代支援部門優秀賞を受賞した。キープクールでは、生産は工場を用いてワンステップで行われるのに対し、E-cityでは中間生産物が導入されている。プレイヤーたちは、中間生産物を作るのに適した国家と、最終生産物を作るのに適した国家に分かれるので、分業をし、貿易を行うことでより大きな利益を上げることができる。貿易という国家間の強力な経済的つながりを導入することによって、キープクールでは難しかった交渉の難度を下げてやろう、というのがデザインの意図だ。

今から振り返ると、ゲーム理論的な意味でのゲーム作りも、ボードゲームとしてのデザインも描く、ゲーム理論教育に利用できるレベルの完成度のものではないが、当時キープクールに対して感じた問題点は間違っていなかったと思う。問題点を克服した新作の教育ゲーム開発は、今後取り組んでいきたい課題のひとつだ。

Summary

第6章のまとめ

○ゲームを実際にプレイするとゲーム理論の理屈がよくわかる。ゲーム理論の学習のために教育用のボードゲームの開発も盛んに行われている。

○貿易ゲームでは、国家間の交渉とその帰結としての経済格差が、廃棄物ゲームでは環境破壊が起こってしまう理屈が、キープクールでは地球温暖化に対抗する国家間の交渉がモデル化され、体験できる。

○現実の問題のどの側面に注目し、何を抽象化してしまうかがデザイン上の重要な選択。

あとがき

プレイ体験がゲーム理論の理解に役に立つことは、科学的な事実だ。しかし、本書を執筆してみて思ったのは、それを軸にゲーム理論の入門書をまとめるのは予想以上に難しいということだった。読者の全員がボードゲームマニアであると想定するわけにはいかないので、「このボードゲームを使ってゲーム理論のこの概念を解説したい」と筆者が感じても、そのボードゲームが無名であれば題材として紹介しにくいし、無名なボードゲームのすべてのルールを説明してからゲーム理論の解説に移ろうとすれば、いつまで経ってもゲーム理論の内容に触れられない。

読者任せになって大変恐縮なのだが、このジレンマを解消するためには、やはり読者の皆様にはご自身でいろいろなボードゲームを遊んでもらうことが一番だと思う。プレイヤーとしての視点に立ち、「いま自分にはどのような選択肢があるか」「自分から見えている情報が何か」「相手から見えている情報が何か」「ゲームの目的（＝利得）は何か」「それを最大化するためにはどのような選択を行うのが最適か」というゲーム理論の基本となる情報を整理し、ゲーム理論を学習することによって得られる俯瞰的な視点と、ボードゲームを遊ぶうちに自然と身につくプレイヤーとしての視点とを組み合わせれば、ゲームの構造に対する理解がぐっと深まるはずである。

また、本書ではゲーム理論の基本となる考え方を紹介したが、個々の概念の厳密な定義や、それが社会問題の分析にどう役に立つかなどの応用例は紹介していない。ゲーム理論はボードゲームのような遊びにも役立てることができる応用力の高い学問だが、実社会を分析し、改善していくその実用性こそが研究の最前線で使われ続けている理由である。本書を読んだり、ボードゲームのプレイ体験を通じてゲーム理論に親しみを持ったら、ぜひ教科書を読んだり、オンラインコースを受講するなどして、より専門的な内容にも踏み込んでみてほしい。きっと読者の期待を裏切らないだけの学びがそこにはあるはずだ。

2023年5月　野田俊也

おすすめの文献紹介

本書を読んで、ゲーム理論や社会問題の分析への応用について、より専門的に勉強したくなった人には、

ロバート・ギボンズ『経済学のためのゲーム理論入門』岩波書店（2020）

を標準的な教科書としておすすめする。

日本語の書籍としては、この他に、

グレーヴァ香子『非協力ゲーム理論』知泉書館（2011）

岡田章『ゲーム理論』有斐閣（2021）

なども定番だが、内容はより高度である。

コラムで紹介した経済学実験に興味がある方は、

小川一仁・川越敏司・佐々木俊一郎『実験ミクロ経済学』東洋経済新報社（2012）

を読むとよいだろう。プレイ体験を通じた学習に興味がある読者の方々とは、親和性が高いはずだ。

第6章で紹介したマーケットデザインに興味がある方は、読み物としては、

アルビン・E・ロス『Who Gets What：マッチメイキングとマーケットデザインの新しい経済学』日本経済新聞出版（2018）

を、入門レベルの教科書としては、

坂井豊貴『マーケットデザイン入門：オークションとマッチングの経済学』ミネルヴァ書房（2010）

をおすすめする。

本書で紹介したボードゲーム

索引

あ行

か行

さ行

た行

な行

は行

ま行

ら行

ブックデザイン●図工ファイブ

著者紹介

野田俊也《のだしゅんや》　東京大学大学院経済学研究科講師

2012年に東京大学経済学部経済学科を卒業（経済学部卒業生総代）。2014年に東京大学大学院経済学研究科修士課程（経済理論専攻）を修了。2019年スタンフォード大学経済学部博士課程を修了し、ブリティッシュコロンビア大学経済学部助教授を経て、2021年より東京大学大学院経済学研究科講師・東京大学マーケットデザインセンター プロジェクトマネージャー。研究分野はマーケットデザイン、ゲーム理論、アルゴリズム、ブロックチェーンなど。

ゲーム理論《りろん》の〈裏口《うらぐち》〉入門《にゅうもん》
ボードゲームで学《まな》ぶ戦略的思考法《せんりゃくてきしこうほう》

■二〇二三年五月三十日　第一刷発行

■著者——野田俊也《のだしゅんや》
■発行者——髙橋明男
■発行所——株式会社講談社
東京都文京区音羽二—一二—二一
郵便番号一一二—八〇〇一
販　売　〇三—五三九五—四四一五
業　務　〇三—五三九五—三六一五
■編集——株式会社講談社サイエンティフィク
代表　堀越俊一
東京都新宿区神楽坂二—一四　ノービィビル
郵便番号一六二—〇八二五
編　集　〇三—三二三五—三七〇一
■本文データ制作——美研プリンティング株式会社
■印刷・製本——株式会社ＫＰＳプロダクツ

KODANSHA

NDC331.19 206p 19cm
ISBN978-4-06-531820-1